양춘자 제3시집

일상 너머로 보이는 무지개

오늘출판사

시인의 말

소소한 일상에서 시어를 기워
삶이 좀 더 성숙해졌으면 하는 심정으로
제3 시집을 출간하게 되어
가슴 벅찹니다

아직은 미흡하여 조심스럽고
두렵습니다만 한편으로는
매우 영광스럽습니다

심혈을 다해 진솔해지려 애썼습니다
부디 이 진솔함이 독자들의 감성과
어우러지기를 소망해 봅니다

그리고 사랑하는 가족들과
손주들의 응원 가슴 뜨겁도록
고맙고 또 고맙습니다

지금까지 저를 시인의 길로
지도 편달해 주신 여러 선생님
은혜 잊지 않겠습니다

감사합니다.

2024년 11월 만추에
청초 양춘자 올림.

목 차

제1부 ___ 시루섬의 기적

사은의 인연················· 13
생의 전성기················· 14
시골 미장원················· 16
노을이 곱다················· 17
대한 독립만세··············· 18
아내의 정원················· 19
훨훨 새가 되고파············ 20
황혼 녘에서················· 21
시루섬의 기적··············· 22
그땐 몰랐어요··············· 24
그 사랑 한없어·············· 25
아픈 손가락················· 26
귀지 관리··················· 27
솔직한 것도 지혜············ 28
광이불요(光而不耀)·········· 29
진짜 나····················· 30
숫돌······················· 32
의지박약 (갱년기)············ 34
시집 보내기················· 35
11월의 의미················· 36

제2부 ___ 가을 하늘에 물든 행복

겨울에 핀 장미……………………………… 39
부부금실………………………………………… 40
2:6:2 법칙 …………………………………… 41
마음이 고와야………………………………… 42
그립다는 건…………………………………… 43
꼬일 때………………………………………… 44
메기의 추억…………………………………… 46
자생력…………………………………………… 48
워메~ 살 것 같당께………………………… 50
가을 하늘에 물든 행복……………………… 51
금수저…………………………………………… 52
그가 아름다운 이유………………………… 53
커피……………………………………………… 54
나뭇잎은 떨어지고…………………………… 55
갈등……………………………………………… 56
그 님이리……………………………………… 58
아이와 비둘기………………………………… 59
스승은 아무나 하나………………………… 60
오토바이………………………………………… 61
조선 여류작가의 개화……………………… 62

3부 ___ 행복을 읽다

시(詩) 그대 ···································· 65
신도 아끼시는 그대 ······················· 66
더 넓게 퍼져라 ······························· 67
행복을 읽다 ···································· 68
뛰면 날자 하네 ······························· 70
소라의 휘파람 ································ 72
제줏간, 맛집에서 본 거시기 ········· 73
파리 올림픽 (시조) ························ 74
참선하다 ··· 75
아침이슬 ··· 76
언니 ··· 77
당신은 빛이에요 ··························· 78
한자어 이름 ···································· 80
꽃의 여운 ······································· 81
누군가를 위해 저물어 보세요 ······ 82
병원 대기실의 풍경 ······················· 83
꽃꽂이 ··· 84
네 밑동을 자르며 ··························· 85
기적을 바라며 ································ 86
가스나 ··· 87
널 바로 보지 못한 까닭은 ············ 88

제4부 ____ **소확행**

위대한 여운……………………………………… 91
민족의 참요 새야 새야 파랑새야 ……………… 92
조건없는 사랑…………………………………… 93
진실과 감동……………………………………… 94
논평이란………………………………………… 95
사랑했기에……………………………………… 97
여무는 노을……………………………………… 98
소확행…………………………………………… 99
물병과 잔………………………………………… 100
못………………………………………………… 101
상추 장아찌……………………………………… 102
청초 시보………………………………………… 103
졸음……………………………………………… 104
당신의 구두……………………………………… 105
기다림…………………………………………… 106
싸가지 없다?…………………………………… 107
스승님은 울보…………………………………… 108
소주……………………………………………… 109
눈이 부시게……………………………………… 111
해변의 여인……………………………………… 113

제5부____제비는 곡식을 먹지 않는다

세상에서 가장 행복한 사람················· 116
아! 당신은··························· 118
군자란······························ 119
풀잎 사랑···························· 120
제비는 곡식을 먹지 않는다 ··············· 121
평행선······························ 122
가나다라, 우리의 한글················· 124
바람································ 125
밑천이 있어야 카지노 가지(시조) ········· 126
새벽 카톡!··························· 127
어머니의 애콩························ 128
운수 대통···························· 129
팔자에 순응하면 복이지 ················ 130
추석 선물···························· 131
시인이여!···························· 132
부메랑······························ 133
아직 살만한 세상······················ 134
원두막······························ 136
한 컵의 무게························· 137
쉼표································ 138

제6부 ____ 들꽃

이런 게 보람……………………………… 141
진도 쏠비치……………………………… 142
시금치와 계란…………………………… 143
가을 명화………………………………… 144
그날의 흰 구름에………………………… 146
여류작가의 상…………………………… 147
자유 부인과 갈대………………………… 148
기제사의 향과 초………………………… 150
가을 사냥………………………………… 152
들꽃………………………………………… 153
가장의 무게……………………………… 154
삶이 시다………………………………… 156
행복한 글쟁이…………………………… 157
상사화 우체통…………………………… 158
고스톱……………………………………… 159
병상에서(6) ……………………………… 160
탐나는 독도……………………………… 161
엄마는 고슴도치………………………… 162
노벨 문학상을 꿈꾸며…………………… 163
적시 안타………………………………… 164
대추가 주렁주렁………………………… 165
가을 엿보기……………………………… 166
해설(우병택교수) ……………………… 167

1부

시루섬의 기적

사은의 인연

가을 닮은 당신
내겐 한없이 소중합니다

보고 있어도 또 보고 싶어요
늘 마음에 가득한 아쉬움

언제부터였을까요? 이런 인연은
억겁의 스침이라던데?

잘 되라는 훈육 그건
내 생이 꽃이 될 기회였지요

나무에 하듯, 억새에게 하듯
바람만 같은 당신의 어우름

제 곁에 오래 머물길
가을 닮은 당신이여

생의 전성기

초록 바람과 아지랑이 한껏
피어오르는 오월
생애 전성기였을 학창 시절
그 아이 영특한 모습 떠오른다

검정 플레어스커트에 검정 운동화
청순 발랄한 십 대의 순백
흰 칼라에 투명하게 풀 먹여
빳빳하게 다림질하면
앳된 얼굴이 백합만 같던

언제나 하얀 두 줄이
포인트였던 예쁜 운동화 또 흰 양말
십여 리 등굣길
행운의 네잎클로버 찾던
오월처럼 늘 상큼한 초록의 마음

코끝에 와닿는 꽃향기
라일락도 아카시아꽃도 모두
그 아이를 위해 피는 것만 같아
그 빛깔 그 향기 교정에 가득했었고
배울수록 두 눈빛 영특해졌지

오월의 하늘처럼

티 없는 순진무구한 그 아이
그때가 생의 전성기였지

시골 미장원

으레 굶고 오는 장날
어머니들 삼삼오오 모여 앉으면
된장국에 밥 한 솥단지 뚝딱
게 눈 감추듯 하시던

예뻐져라 더 예뻐져라 지지고 볶고
맛난 믹스커피에 신바람 나
부짓갱이 닳은 허리 쭉 펴는 게
동네 뉴스였던 장터

배부르고 머리 물 드리며 하는
농 짙은 우스갯소리가
촌 어머니들 젊어지는 묘약
그쯤 한바탕 자지러진 뒤

노을 지듯 장터 소홀해지면
부짓갱이에 청춘의 물감들인 양
변신한 어머니들 희희낙락
무병장수하시길 바랐는데

희끗이 변색 들킨 어머니들
언제까지 묘약 찾아오실지
미용실 한 밥솥 뚝딱 해치우시던
그 모습 그립다

노을이 곱다

그래서 시와 함께 행복이다
가문에 문필가도 없는데
그 어려운 시인이 되다니
과찬과 진정으로 축하해 주시는
멀고도 가까운 일가친척들

시집을 통해 자신의 인성을 깨닫는다고
데면데면했던 시의 가치조차도
일깨워 주었다며 연이어 칭찬
꼬리에 꼬리를 물고 시집이 나가
그들에게 시의 얼이 스며드니

이 어찌 기쁘지 않는가.
시의 가르침을 주신 스승님께
이 기쁨 다 드리고 싶다
그분을 본받아 세상에 유익한 시를 쓰자
배움을 주려 애쓰심에 감사하자

일상을 꽃 피고 열매 맺도록
쉽게 읽히고 감동과 울림을 줄 수 있는
살아서 움직이는 진솔한 시를 쓰자
내 시를 사랑해 주는 분들께
시가 있어 노을이 고움을 알게 하자

대한 독립만세
- 3.1절 -

내 나라 되찾아준 선열의 넋 새기며
태극기 펄럭이게 하늘 높이 계양하자
무궁한 자주독립의 얼, 자자손손 기리리

아내의 정원

일 년 열두 달
반복되는 일상에서도 아내는
나름대로 자신을 찾아
행복해진다

텔레비전도 보고
책도 보며
가족의 이름만 불러도 아내는
평안해진다

비 오는 날이면 부침개를 하고
언제나 식탁엔 맛깔스러운 음식
주방 일이 전부인 아내는
식구들 건강 식단에 여염이 없다

식구들 어디서 무엇을 하든
집지킴이가 있어 평안해 한다
아내가 행복해하는 만큼
집안에 깃든 노을도 아름답다

훨훨 새가 되고파

술술 풀리면 오직 좋으련만
고치 실타래 엉키듯
뒤죽박죽되어 가는 인생사
날까 말까 허우적거리는 탓에
어깻죽지에 힘만 빠진다

내 것인데, 내 것이 아닌 내 것
늘 껄끄럽게 흘러내린다
위선이라 여기는 모순
모두 꺼내어 과감하게 시냇물에
말끔히 씻어 버려야 해

인격만은 외면당하지 않게
주눅 들지 않고 당당하게 차라리
철창 밖의 한 마리 새이기를
물도 막걸리도 아닌 게 뭘 한다고
갈수록 한심스러운 내가 싫다

먼 창공에 훨훨 나는 자유로운
새가 부럽다.

황혼 녘에서

그대 단풍잎처럼 붉으시나요?

그대 산 그림자처럼 넉넉하시나요?

그대 호수처럼 하늘 품으셨나요?

내 마음 나도 모르기에
마음이 하라는 대로 해요

내 마음 호수 같기에

시루섬의 기적

한없이 퍼붓는 폭우
그 작은 빗물이 빗줄기가 되어 거대한 강이 되었다
수백 년을 나직이 섬 에워싸고 유유하던 강물
순식간에 섬 정수리까지 육박하는 성난 급물살로 돌변
발밑이 죽음의 문턱이다

1972년 8월 19일 단양의 시루섬이 떠내려갔다
담배와 뽕나무 재배로 이어온 섬
주민의 생계가 폭우로 순식간에 물에 잠기기 시작했다
주민들은 삽시간에 섬의 정수리로 몰려들었다
유일한 생명줄은 지름 5m 높이 6m의 마을 급수탱크뿐
사방은 칠흑 속에서 숨통을 쪼여오는 성난 급물살뿐이다
섬 주민들은 어떤 일이 일어나더라도 살아야만 했다
순간 누구라고 할 것도 없이 어른들은 인간 사슬이 되어
어린 자식들과 아녀자들을 탱크 위로 올렸다
한 사람도 낙오되지 않도록 사투하는 동안
인간 사슬은 점점 늘어났다
그러기를 14시간 날이 새면서 사람들을 에워싸고 맴돌던
가축들의 서서히 멈추고 몸통이 물 위로 드러났다
점차 땅이 보이면서 악몽의 사투가 끝이 났다
아이들과 아녀자들을 땅에 내려놓고 어른들도 드디어
인간 사슬 지움을 풀었다
사슬을 푼 사람들은 팔이 굳어 펴지지 않았다
그때 여인의 울음이 섬을 집어삼키던 홍수를 연상케 한다

갓난아이가 비에 젖고 쓰러진 사람들에 의해 압사했다
하지만, 엄마 옥희 씨와 섬 주민들은 모두
아이의 명복을 빌며 오열하였다

그 밤의 생존자는 198명이나 되었지만 아가는 떠났다
또한 다른 경로로 목숨을 건진 사람은 겨우 3명뿐이었다
있을 수 없는 일이었다
그건 누구도 이해할 수 없는 기적이었다

그날의 수마는 한반도를 강타한 태풍 <베티>였다
그날로 섬은 사라졌지만 섬과 함께 그들 곁을 떠난
갓난아이의 무덤은 남았다
그것으로 그곳이 그들의 섬이었었다는 걸 알 수 있다

물의 할큄을 떨쳐버리려 한 덩어리로 올라섰던 섬의 정수리
아가의 꿈이 엄마 품을 떠나간 비운의 섬
아기 혼자 남아서 지키고 있는 섬
기적을 낳은 섬 시루섬

그땐 몰랐어요

당신 나이가 되어서야
왜 그러셨는지 알게 되네요
저만 꼽아보며 하루를 얘기했을 때
굳이 말할 필요가 없겠다 싶었죠

당신이 저에게 그랬듯이
회사에서 늦게 귀가하는 아이에게
나의 하루를 이야기하게 되어
당신 닮아 가는 걸 새삼 실감하네요

일에 대해 칭찬받고 싶어서
외로움 달래보고 새로워지고 싶어서
지혜로운 삶을 영위하고 싶어서
핀잔을 듣더라도 항상 웃지요

그럴 때마다 딸에게서 당신을
보는 것 같아 안도하지요
그런 가르침 예나 지금이나
기분 나쁘지 않아요

겪어 보니 좀 잘해 드릴 걸
이제야 당신의 마음을 알게 되네요
당신이 닦아 놓은 이 길
평탄해서 좋아요. 어머니!

그 사랑 한없어

꽃은 꺾이는 순간부터 시드는 법
그래도 예쁘다고 꺾는 이는
자기만 좋으면 그만이지요

어떤 이는 꽃이 제아무리 예뻐도
꺾지 않고 물을 주며
행복해하지요

이렇듯 사랑한다는 방법에는
이기적인 것과 배려하는 것
양단성이지요

또, 사랑의 말은 늘 감성적이어서
눈물도 많고, 함께이고 싶어
늘 영혼이 촉촉하지요

또, 죽도록 보고 싶어져서
무조건 만나고 싶고
무엇이든 주고만 싶지요

특히 부모님의 사랑은
더더욱 그러해서 그 정
한없지요

아픈 손가락

곰국에 뜬 기름은
식으면서 분리가 되어
걷어 내면 불순물이 제거 된다
인간사에서도 불순한 것을
분리할 수만 있다면
뒤얽힘이 없어 참 좋겠다

외동아들이 매사에 숙맥 같아
성이 차지 않는 아빠
이리 물러터져 어떻게 험난한 세상
헤쳐나갈 수 있겠느냐며 타이르지만
물과 기름처럼 융합하지 못하고
왕따 당할까 걱정이다

그런데 숙맥 같은 아들이
아빠 마음 헤아려 늠름해지다니
아픈 손가락이 더 애틋하다는 옛말
속울음 참아내는 부성애 보면
확연하다

귀지 관리

왼쪽 귀가 가려우면
누군가가 내 험담을 한다고 하고
오른쪽 귀가 가려우면
누군가가 내 칭찬을 한다고 한다
그 증세 비유 위안 삼아 하는 말
엉뚱하지만은 않은 듯하다

잔소리가 듣기 싫어
귓속이 근질거리는 것이나
듣기 좋은 칭찬에 솔깃하여
귓속이 간질거리는 것이나
증세는 같지만 싫을 땐 귓속이
기분 나쁘게 근질거리고
좋을 땐 기분 좋게 간질거리는 법

말은 가려서 해야 하고
남의 말은 쓰든 달든 경청하고
말은 가려서 조심스럽게 하면
귀지가 조금만 생겨
귀가 가렵지도 않고 귀지도 적을 터
귀지 관리는 말조심부터

솔직한 것도 지혜

억울할 땐 그냥 억울해하자
애써 아닌 척 참지 말고
생채기 없는 척도 하지 말자
내 마음 흘러가는 대로
억울함 받아들이자
그래야만 억울함을 털어내고
다시 시작할 수 있는
새로운 길이 열릴 것이다

만약 바꾸지 않는다면
무엇을 어떻게 해야 하는지
원하는 것이 무엇인지
알 수 없는 퇴보일 것이다
두려움에 서서 갈 길 몰라 떨지 말고
분명한 목소리로 가야 할 길 찾아 나서자
그러면 역지사지의 처지가 가름되어
억울한 실타래 풀릴 것이다

문제는 바로 자신에게 있다는 것
나는 도덕군자가 아니라는 것
부족한 자신 때문에 기분 울적하다면
나는 완벽하지 않다는 걸 보여주자
그래서 더러는 잘 못을 해도
사랑스럽다는 것도

광이불요(光而不耀)

빛나되 번쩍거리지 않는다
무논에서 흐림 견뎌내며 언제
이삭 피울까 염려했는데
어느새 고개 숙인 황금 이삭 되어
아침이슬 턴다

황금 들녘 밀어제끼는 콤바인
우르르 쏟아지는 햇벼
포대마다 가득하고
볏짚도 돌돌 말아 버림 없이
한겨울 소먹이로 쓴다

곡물은 사람의 양식 되고
볏짚은 짐승의 사료가 되어
가장 가치있게 빛나되
더할 것도 덜 것도 없어
내세움이 없는 벼

명분 쌓기 좋아하는 이들
눈귀 씻고 본받았으면
이 가을 그만한 수확
또 있을까?

진짜 나

미용실 밝은 거울 앞의 나
은은한 카페 거울에 비췬 나
길거리 쇼윈도에 비췬 나
자동차 유리에 비췬 나

나를 보는 사람에 따라
다르게 보일 것이나
그건 모두 보는 이의 왜곡일 뿐
나는 있는 그대로 나다

나를 어떻게 보느냐에 따라
달라질 수도 있지만
그건 바로 보지 않는 편견 때문
때론 언행으로 폄하할 수도

나는 강인하고 활달하다
나는 사색을 좋아하고
감성이 풍부하다. 하면 이게
진짜 나일 수도 있겠지만

강해 보이려면 겸손도 사양하고
때론 우쭐한 척도 해야 한다
다른 누구에게 잘 보이기보다는
나 자신에게 충실하자

굳이 바람 앞에 서지 말며
자만심 싹둑, 가위질하자

숫돌

무딘 칼날을 무료로 갈아 준다는
아파트 실내 방송이 흘러나오자
샘가, 숫돌에 칼날이 선다
무딘 칼날을 옹기그릇에
쓱쓱 밀어 쓰는 것도 쓸만한 방법
그것도 조상님들의 지혜다

그런데 요즘은 옛 숫돌 오간데 없고
각종 인공 숫돌에 날을 세운다
이렇듯 세상은 변해 가는데
옛날처럼 물을 부어가며
칼날을 세우던 숫돌
예스러움 보다 편의성에 젖는다

어찌 보면 숫돌은 이성지합 같다
무딘 칼날을 번쩍거리게
만드는 숫돌의 조화
전력을 다해 눈으로 날을 세우던
친정집 샘가에 고정된 숫돌
그들 덕에 자름이 수월했었다

숫돌은 칼날을 위해 희생하고
칼갈이는 숫돌의 희생을 배려하는
소박한 전경이 주마등이다

이제는 골동품이 된
옛 조상의 조화로운 지혜만 샘가에
파수병처럼 덩그런 하다

의지박약 (갱년기)
*갱년기를 평생 앓는 여성에 대하여

첫 달거리를 하는 앳된 꽃 한 송이
탐스럽고 복스러워 신비롭다

그 곱던 꽃 됨도 영원할 수 없어
달거리가 끝나 가는 중년
시들어 불면과 스트레스로
숱한 고통과 우울증을 겪는다
아무리 노력해도 몸은 천근
호르몬 부족으로 활력이 떨어져
마음만 먹으면 만들어질 것 같은
의지, 제자리여서 어렵다

의지와는 달리 에너지가 고갈되어
활력 더는 생성하지 못하고
애써 보지만 기운 보충되지 않아
몸만 점점 늘어진다
극복하기 어려운 신체 변화
여성 갱년기의 베일에 싸인 채
겪어야만 하는 이 고통
지구력으로 잘 버텨 내야지

오뉴월 한 서린 서리꽃 녹아내리듯
햇볕에 온화하게 녹아내리길

시집 보내기

외동 딸 그 성품으론
시집 안 가고
진열된 잔류 시집인 듯
부모 곁에 나란한 게
효도라며 저희도
다정히 꽂혀서네

아서라, 말아라.

부모 곁 허전해도
시집가야 효도지

11월의 의미

11월이 뜯기고 나서야
남은 날의 소중함을 압니다
10여 년 전만 해도 해가 뜨고 지는걸
해마다 맞는 해돋이요 해넘이로만
여겼을 뿐 생의 의미 모르고 살았는데
이제는 쌓아 놓은 재산은커녕
명함 한 장 내밀 수 없는
무통장, 신용불량자, 가난뱅이라
벼랑 끝에 내몰린 처지라오

그래도 일상에 희망 걸고
살아야 한다는 걸 알고 나서야
그 길은 노력이요.
포기할 수 없다는 것도 알았습니다
내 길 이끌어주는 그 손 소중하여
잡고 또 잡고, 놓지 말아야 한다는 것
11월이 뜯겨나가도 아직
12월이 남아있듯이 내게는 아직
내 길 이끌어주는 당신
희망으로 남아있기에 포기하지 않습니다

내 생이 저 11월 마지막 날 같을 때
내 길 일러준 11월같은 당신
당신은 정녕 내 생의 수호신입니다

2부

가을하늘에 물든 행복

겨울에 핀 장미

빈 울에 장미 한 송이
동지섣달 꽃 본 듯이 임을 본 듯이
어렵사리 피운 우리 사랑만 같아
귀하고 애틋하네요.

눈발 휘날려도 꿋꿋한 신뢰
그건 당신의 의지
달빛에 윤슬 반짝이듯
눈 속에서도 강직하네요

나는 당신을 품은 달
당신 내 품에서 눈부시지요
이 한겨울 장미 한 송이
눈물겨운 우리 사랑 한없네요

부부금실

좋은 말만 하고 살아도
평생 할 말 다 못하고 죽을 텐데
가는 세월 붙잡지도 못하는
아까운 생, 서로 사랑하며
즐겁게 사세요

부부는 놋그릇과도 같은 것
처음엔 반짝거려도 쓰다 보면
때가 껴서 누레지는 법
가끔은 짚과 재로 억세게 닦아내야
처음처럼 반짝거리지요

자주 닦을수록 그 빛 영롱해져
사이좋은 원앙처럼 서로 애틋하여
그 한 쌍 황금 연못에 유유자적
부부도 그와 같아야 평생
그와 같이 황홀하지요

늘 어우러짐이 한결같아
애틋함이 넘치도록 반짝거림은
부부의 행복이지요

2:6:2 법칙

이유 없이 내게 유독 못되게 구는 이
아무런 이유를 몰라 당혹스러울 뿐이다

인간관계에 연류 된 열 명이 있다면
두 명은 나를 좋아하고
여섯 명은 무관심하고
두 명은 싫어한다는 것이
2:6:2 법칙이란다

그러니 나를 싫어하는 이에게
일부러 신경 쓰거나
잘해 주려 하지 않을 것이다
아무리 잘해보려 해도
그 사람의 마음을 사로잡지 못하고
언제나 끌려다니기 때문이다

싫어하는 상대에게도
그냥 나의 진실만 보여 주자
좋아하는 사람이 나의 진실을 알아주면
싫어하는 그도 나를 있는 그대로
좋아하게 될지도 모른다

세상은 늘 2:6:2 법칙이어야
긴장감으로 팽팽할 테니까

마음이 고와야

장미꽃인 줄 알았네
화장 안 한 날은
더 고와서

주머니에 꽂고 싶었네
오늘은 화장했네
안 하는 날도 고운데

아무렇게나 해도
곱게 보이는 건
마음이 고와서라나

마음이 우물 안이어서

그립다는 건

짝 잃고 홀로 된 학을 보면
외로움 느끼는 거다

마치 침묵으로 공허해진
내 마음의 긴 한숨 같은 거다

떠난 바람 못 잊고 떨어지는
가을 낙엽 같은 거다

잎 다 사라진 후에야 열병 앓듯
꽃피워내는 상사화 같은 거다

연정 못잊어 마지못해 사는
너와 나 같은 거다

꼬일 때

이것이 쥐꼬리요? 문장이요?
꼬락서니하고는

아이고, 쥐구멍이 어딘 겨
꼰대 꾸지람에 대게 거시기 혀뿌네
'두 번 다시 글을 쓰면 내가 개다 개'
긍게 욱, 받치데
근다고 이 속 누가 알 겨

밴댕이 소갈딱지만 같아서는
오뉴월 쉰 죽 끓듯 부글부글 거시기 했뿐 걸
근데, 그 속 지랄이 얼매나 됐다고
금세 또 글 지랄이랑가

지키지도 못할 거라면 그냥 개로 살어
화딱지는 글로 거시기해야 거시기해뿌는 겨
개가 되든 소가 되든 막 해불면 되야
작심삼일이란 말도 있잖여

쥐약은 나눠불고 맴이나 챙겨 묵세
모로 가든 도로 가든 서울만 가믄 되지
말은 제주도로 보내고
사람은 서울로 보내라 안 했남

그것이 정석이라믄 꼭 이루어 보드라고
그라믄 글쟁이 된 보람도 있을 겨
그라믕 글 갤쳐준 이도
보람되지 싶당께

누군 뉴스에 빵빵 터지는 데
작심삼일 꼬라지 하고는

메기의 추억

학창시절 그저 좋아서
뜻도 모르고 즐겨 부르던 노래
애틋한 사랑이 담겨 있을 줄이야

총각영어선생과 여고생
그들은 서로 사랑하여 결혼했으나
선생 25세에 그녀 23세로
사내아이 하나 낳고 결핵으로 죽었다
선생은 그녀를 못 잊어 열애시절
늘 함께 했던 나이아가라 폭포가 보이는 언덕에
그녀를 묻고 추억을 시로 남겼다
선생의 친구가 작곡한 세계적인 명곡
"메기의 추억" 이 그것이다
메기는 그녀의 애칭이었었다

문득, 나를 고교에 진학시키겠다던
총각 영어 선생님이 떠오른다
가정 형편상 진학의 뜻은 접었지만
"내가 너를 많이 아꼈나보다"
선생님의 마지막 그 한 마디
아직도 잊히지 않는 추억의 메아리다
'나를 사랑해서 그러셨을까?'
착각이었을 옛 추억이 청순하게
되살아 온다

"메기의 추억 "
아련 내 사랑의 그림자이신 김성박 영어 선생님!
정녕 저를 사랑하셨나요?
선생님! 그립습니다

자생력

5월의 숲이 무성하다
아기가 태어나서 자라날 때는
수없이 넘어지고 일어난다
아기가 스스로 걷기까지는
어른들의 보살핌이 필요하다

숲 역시 바람의 어루만짐과
햇살의 감쌈으로
이슬을 머금으며
스스로 자란 듯해도
숱한 보살핌으로 울창해 진다

그러나 인간은 눈치없이
숲에 상처를 입히고 해손하여
숲을 황패하게 만든다
그러므로 숲을 되살릴 책임은
사람에게 있다

사람이 숲을 되살릴 때
비로소 숲도 사람도
건강해질 것이다 그로 말미암아
울창해진 숲은 꽃도 피우고
열매도 맺을 것이다

숲을 소중하게 여기자
숲과 사람의 공생을 위하여
노력을 아끼지 말자
숲의 자생력이 곧 사람의
정서요 미래다

워메~ 살 것 같당께

참다 참다 고민 끝에
할머니가 병원에 갔다

할머니 어디가 아프세요?
어쩔까이 보여줄 수 없는데가 아픈디
아니 어디가 아프신데 보여줄 수가 없어요?
보여줄 수 없어라우
그러면 그냥 가세요
그래도 아픈디
그러면 봐야 병을 아니까 말씀을 해 보세요
거시기 똥구멍하고 거시기에
오돌오돌 뭐가 나서 어메 아퍼 죽겼어라우
하도 보잣싸서 부끄럼을 무릅쓰고 보였는디
오메 거기를 현미경으로 봐부요
눈 딱 감고 있었어라우 그랬더니
피곤해서 그런다 함시렁
연고 하나 사서 바르라 안 하요
그것이 뭔 병인지도 모르고
약국에 물어본께 음부포진이라 하요

시상에 원장님이 거시기는 봤지만
나서붕께 이렇게 좋소
거시기 아프면 끙끙 참지말고
병원들 가서 척 보이시시요

가을 하늘에 물든 행복

마당 한가득 가을빛이
드세게 무어라도 태워버릴 기세다
딸내미 시집 보낸 그녀 서운해야 하는데
그런 맘은 아랑곳없이
가을에 취한다

그녀는 혼잣말로
'가을 곡식이 익으려면 이 정도
햇볕은 있어야제'
친정 집 마당과 하늘이 정말 좋다
두 팔 벌려 파란 하늘을 본다
맘껏 소리도 질러본다
주머니 속 부자는 아닌데
왜 이리 행복할까?
그저 만질 수도 닿을 수도 없는
가을 하늘만 친정에서 바라볼 뿐인데
또 오늘이 마냥 좋다

이런 행복은 큰애 시집보낸 탓이리
마음이 여유로운 까닭이리
그녀의 그런 행복이
신혼집 아이들 행복이 되길!
그녀는 어미의 도리를 다한다

금수저

태생은 같아도 키우기 나름
엄마의 생각이 지혜로우면
아이는 자동으로 그리될 수 있다
현명한 엄마는 가르치려 하지 않는다
스스로 일깨우기를 기다리며
돌볼 뿐이다

다만 언제나 곁에서
위험을 방지하는 보호막이 되어준다
그래서 저 아이의 성장에서 그의 엄마를 본다
혼인할 때 자주 나오는 말
그 어미를 보면 규수 감은 보지도 않고
데려간다는 옛말 틀린 게 하나도 없다
딸의 딸에게 유전된 DNA
할머니는 분명 인격자였으리

*금수저; 부(富)가 아니라 됨됨이를 뜻함

그가 아름다운 이유

어디 가?
시장
왜?
팬티, 아니 속잠방이 사러
말하지
흠도 흉도 없는 "말하지"
상관도 없는 그 한 마디 재치 덕에
기분이 째지게 좋았다

"휘영청 밝은 달 속
계수나무 찾던 그 아이
검은 눈 동공에는 또
다른 달이 있다
토끼를 찾으려 연신
눈을 깜빡거린다
문 소리에 누군가? 고개 돌려보니
엊그제 같은 그 옛날 그대였다
명절 잘 보내시게
사랑해!"

2024년 추석이
보름달처럼 넉넉한 이유는
그의 살가운 연가 덕분인 듯

커피

식후 고무줄 당기듯 맛이 당겼지요
그도 처음 대했을 땐
당신처럼 가슴 두근거렸지요
저녁에 양촌리 커피 한 잔
좋은 줄만 알았는데
밤새 불면으로 괴로웠지요

당신도 바람나서 재 넘나들 때
곱게 말려도 눈에 콩깍지 씌워서
조강지처 속 썩이더니만
오토바이 넘어진 탓에
뉘를 원망하리오 죄에는 벌이 따르는 법
발목 부러져 주저앉았지요

커피는 저녁에는 안 마시면 되지만
당신은 먹지도 못하는 땡감
백 년 원수지요

나뭇잎은 떨어지고

낯 모를 지인의 이별 소식에
아름답던 단풍잎마저 스산하네요

주인 없이 쓸쓸한 자전거 한 대
몹시 아파오네요

떨어질 것들이라도 다
떨어지면 떠나시지, 무정하구려

단풍 이제 막 시작인데
서둘러 가는 당신 야속하구려

가을 끝 아직 멀기만 한데
당신 없는 이 가을 그는 어찌하라고

짧은 인연 아쉽긴 해도 부디
가시는 그 길 꽃길이시길

갈등

씨앗을
먹을까?
심을까?
갈등하는 어린 소녀
배고픔을 참지 못했으리

내 속 곪아터지는 응어리
뱉어버리고 싶은데
사람 속 알 수 없어
뉘에게 뱉을까
그 소녀처럼 갈등이네

글쟁이는 모두가 인터넷 벗이요
상견한 자 없으니 그 속 어이 알까
헛다리 잡으며 귀신 씨나락 까먹는
동문서답 때문에
중이 절보기 싫으면 떠난다는데
구더기 무서워서 장 못 담그는
난 바보라네

바보면 어쩌랴 편하면 되지
그래 남보다 부족하다고 생각하자
항상 그들 앞에 고개 숙이자
내려놓기 힘들 땐 바보를 우러르자

이리 다짐도 하지만
내 맘 내 맘대로 못 다스리네
이럴 땐 누구라도 나서서
등대라도 되어 주셨으면

그 님이리

캄캄한 밤하늘에 만삭의 추석 달
공들여 쌓은 돌탑에
그녀인 양 살짝궁 내려앉네
어디서 무엇을 하고 계시다가
이제 오시는가
그녀의 행복만을 고대하던
그 작은 소년 아직도 그립고
보고만 싶네
달 보며 안부 전하던 소년이여!
달님도 금세 알고
그대의 돌탑에 그녀인 양
살짝궁 내려앉아 살포시
포옹하네 그리웠다고

아이와 비둘기

한 쪽 어깨가 무거워도
휴대폰에 빠져 학원에 가는 아이
어깨에 비둘기가 앉아
화들짝 놀라며 호들갑을 떠는데
할미는 좋아서 김칫국부터 마시며
내 강아지 앞날에 훤한 평화가
깃들 징조라며 좋아하자
아이도 좋아한다

무엇이든 긍정적으로 생각하면
좋은 일이 이루어진다 했다
비둘기가 착한 아이를 알아보고
복을 내렸구나 싶어 할미는
마음이 평온하다

비둘기는 평화의 상징
신뢰와 긍정의 힘은 미래를
위대하게 만들 발판이 되는 법
그 의미를 수긍할 줄 아는 아이가
더 기특하고 대견하다

스승은 아무나 하나

설쳐대는 성깔에 그녀
전생에 서당 개였나?
어설픈 귀동냥은 아닐지라도
이승에서 훈장 노릇 하려니
시대가 변해서 그게 어디 쉽겠나
풍월도 제대로라면 들어나 주련만
막걸리도 물도 아니니 선무당 짝이다
뉘 가르치려는 맘 나비 날개 접듯
제 처지를 깨닫는 것도 지혜인데
칭찬도 세 번하면 듣기 싫다는데
그 버릇 개 못 준다고
소경이 소경을 인도하니 함께
구렁텅이에 빠질 수 밖에
하늘 찌르는 자만심 벼 익듯
겸손함이라도 생겼으면
겸손이 그녀의 스승이지 싶다

오토바이

미끼인 줄 몰랐다
걸어서 한 시간이나 갈 시여리
5분 만에 마을 어귀다

불쑥 백마 탄 듯
처음 본 오토바이 타라고 한자
겁도 없이 탄게 오산
한 마을 사람이라 호의를
베푸나했는데 막상 타고보니
다 큰 처녀가 남자 허릿동을
꽉 잡아야 하니 기분이 야릇하다
떨어지면 박살나니 더욱 꽉
빨래집게 물듯 잡아야 했다
그때 잡은 그 허릿동 그렇게
꽉 잡고 평생 살았다
그 속도만큼이나 긴 세월
달려왔으니 얼마나 닳고 닳았을까
미끼 꿴 자리 노을 져서야
수리 중이다

조선 여류작가의 개화

지폐에 담긴 임의 얼굴에서
꽃을 피워낸 조선의 현모양처를 보네요.
무엇을 남기려 하셨는지
그윽한 임의 기품을 보네요

아직 하늘 문 열릴 때가 아닌데
글 솜씨가 시대의 칼바람에 떠밀려
획이 부러져 시들었네요
허난설헌 님, 당신은 언제쯤
자유로워지려나요?

부용꽃 스물일곱 송이,
임에 대한 예언이었던가요?
그때는 빛 없이 지고만
조선의 여류작가였습니다만

이제 꽃으로 폈네요
역사를 찢고 나와 꽃으로 피었네요.
여류작가 신사임당 님과 함께
허난설헌 님 당신은 한국의
꽃이십니다

3부

행복을 읽다

시(詩) 그대

큰 산이 가로막고
긴 강이 가르며 흘러도
내 안에 이미
들어와 있는 그대

하루에도 열두 번씩
또 갑절로 열두 번씩
항상 처음처럼 상큼한 모습으로
가슴 조여드는 그리운 그대

무한한 상상의 나래로
매화로 피고 독수리로 비상하듯
언제나 생기와 겸손으로
눈물겹게 살가운 정이신 그대

이제는 정작 자아를 찾아서
오래오래 곁에 두고 싶은
단아한 내 한 편의
시이신 그대여

신도 아끼시는 그대

몸 천 냥 중 구백 냥이 눈이라는데
왜 하필이면 그대에게
현대의학에도 어려운 안질환일까요
생각일 뿐. 대신 아파 줄 수 없어
그저 가슴만 아리네요

세상이 불공평함에 마음대로
할 수 없으니, 유감 중에 유감
그런 와중에도 날마다 창작으로
얼마나 눈 부릅뜨시며 그 많은 시집
마음으로 출간하셨나요

사물의 이치와 사람의 심안을 꿰뚫는
탁월한 능력 신께서 부여하셔서
보이지 않는 사물을 놓고서도
마음의 시안은 타인의 추종불허로
창작의 천재성이 그나마 위안이리요

안질환은 익히 알고 있어 늘 가슴 아렸지만,
「시야는 흐려도」란 그대의 시에
가슴이 더 아려오네요
그대! 창대한 능력 발휘하도록
신의 가호가 충만하기를 빕니다

더 넓게 퍼져라

눈먼 그리움
하얀 밤 지새며
가슴에 아롱진 편린들
어느 바람결에 띄울까

문득 이 가을에 시집 한 권
세상에 내어 볼까 싶었는데
쥐뿔도 없어 속절없이 포부만 컸네
아린 가슴 풀려니 순리대로 살아야지

내 인생의 노래요 시가
꼭 한 권의 책만이 정석은 아니리
구름 따라 바람 따라 흩날리어
어느 정자의 저들 눈에 들거라

뉘 집 정원에 씨앗 되어
풍요로 돋아나거라
많은 사람의 가슴에 꽃으로
피어나 열매 맺거라

하루를 거르지 않고 창출한
소박한 내 안의 너
부디 인터넷을 통하여
흘러 흘러 우주를 만나거라

행복을 읽다

걷고 설 수만 있다면
더 큰 건 바라지 않겠다고
듣고 말하고 볼 수만 있다면
그는 간절히 기도했다

하지만, 14년 전 실명한 그에게
각막 기증자가 나타났지만
허름한 집에 살며, 눈 하나가 전부인
그의 눈은 기증 받을 수 없었다

한 푼도 없으면서
구백 냥의 눈을 주겠다니
오히려 포기할 줄 모르는 자신이
부끄러워 마음이 숙연해졌다

그래서였을까? 놀랍게도 그 후 그는
정서란 기적을 낳았다
눈은 보이지 않지만, 기증자의 마음이
맑은 세상을 보게 한 것일까?

부자가 아니어도, 인물이 못났어도,
지혜롭지 못해도, 감사할 줄 아는
긍정의 힘을 갖게 되면
기적을 낳게 된다

메사에 자신을 사랑하고 감사하며
남의 아픔을 이해하고
삶에 긍지를 갖게 되면
행복이 깃들게 된다

마음의 평화를 일구어 가면
추함은 사라지고
덕망만 쌓이게 되어
생은 더 아름다워질 것이다

뛰면 날자 하네

사모한들 어떻고 좋아한들 어쩌랴
칠순 길에 앉아서 그런 오해는
이성 간에 면역력만 상승이요
청춘의 묘약이리니

대장간 용광로에 달군 쇠붙이
골백번 두들겨 맞고
냉수에 담금질을 거쳐야
제대로 된 정품이 되나니

이제 여린 감성 무뎌지게
헛돌 맞아 죽은 개구리인 양
내 마음 함부로 훔쳐낸 비난
견뎌내리 다짐해야겠네요

사람이니까 실수도 하는 거다
정감도 가고 흑심도 피는 거지
난들 다르랴 어떤 오해도
이해하면 풀리리니 미안해 마소

온실 속 화초도 시들었다가
물 주면 살아나 어느 날 밖으로
모종되어 햇볕에 그을리며
튼실이 자생하게 되는 것

비 온 뒤 땅 굳어지는 법
덕분에 내 생이 더욱 튼실하오

소라의 휘파람
*손주가 돌아간 날 공허함에 부쳐

북적거리던 소음 속에서는 몰랐던 일
썰물에 갯것 쓸려가듯 아이들 웃음소리
비로소 바닷가 밀물 소리같이
귓가에 좌르륵거린다

아이들의 헐떡거림 들릴 듯 말 듯
소라의 휘파람으로 들려오고
물고기 쫓는 갈매기인 양
아이들 웃음소리 끼룩끼룩

첨벙거리던 그 바닷가
빈 소라 껍데기에 갯바람 불어와
외롭고 허기진 갯벌에서 아이들과
함께한 순간들이 행복이었구나.

북적거림이 보람이었다는 것도
하루가 뉘엿해서야 깨우친다
돌아간 뒤 신발만 흩어져 뒹굴어
그리움의 잔상으로 핀다

또 오라는 마중 말
소라 껍데기에 안부처럼 불어와
머니, 머니, 할머니! 손주들의 음성
환청으로 와락, 안긴다

제춧간, 맛집에서 본 거시기

식당에는 「마장 주점」이란 시 속의
거시기들이 줄지어 걸려있었다

고기 굽는 불판 위 연통을 보며
취중에 말 거시기 같다며
흥 탓에 더 흥겨웠을 시인의 농
거시기하지 않게 떠오른다

나는 그 흥 떠올리며
식탁마다 연기를 빨아내느라 걸린
구릿빛 대롱들을 찬찬히
눈으로 만져본다

참 쓸모 있는 거시기구나
그 시인의 말처럼 거시기 덕분에
홀도 깨끗하고 고기도
노릇노릇 잘 구어졌다

말 거시기 아래서 나도 고기를
잘근잘근 맛있게 먹는다

파리 올림픽 (시조)

금 은 동 거머쥐며
태극기 휘날린다

장하다. 태극전사
온 국민 한뜻 되네

무궁화 줄줄이 피어
무궁무진 한겨레

참선하다

옷깃만 스쳐도 인연이라는
흔하디흔한 이 말
하나를 알면 열을 안다
이것도 이치와 다르다는 것
매번 나의 거처도 헷갈리니
믿는 도끼에 발등 찍는
내 안의 너
너에겐 내가 별것도 아닌데
집착인지 연민인지 아리송하다
그래서 천길 물 속은 알아도
한길 사람 속 모른다고
빗대는 건지도
너에 대한 모호함
이제는 내 맘 편하게
그런 것들을 확 떼어
과감하게 강물에
던져 버릴 수밖에

풍덩

아침이슬

호랑이가 호피를 남기듯이
임의 비보에 뇌리를 번쩍 스치는
'아침이슬과 상록수!'
그와 자유의 삼위일체가 더욱
어둠에 등불 같았다
그 흔적 민주주의의 꽃, 정의
그도 억압에 못 이겨
어둠에 묻혔지만
어둠은 빛을 가리지 못하듯이
그 많은 업적 남기시고
임은 떠나셨어도 그 혼 세세토록
민족의 디딤돌 되었으니
임의 이름 거룩히 빛나리다
"긴 밤 지새우고
풀잎마다 맺힌 진주보다 더 고운
아침이슬처럼"

영원히 자유롭게 노래 부르리다
'아침이슬, 상록수' 작사 작곡한
가수 김민기의 명복을 빌며

언니

내, 언 손 녹여주느라
봄 햇살 붙잡다가 지고만
목련이셨지요.

손등 씻기려고 물에
일렁거리던 해맑은 물그림자
수선화이셨지요

애처로운 나를 감싸주던
우화하고 부드러운
모란이셨지요

그 고결한 모습은
언제나 순고한 요조숙녀
백합이셨지요

그 모습 아직도
내 마음속에
그리움으로 남아있어요

언니가 그리운 날에

당신은 빛이에요

밤하늘이 캄캄하면
별들은 더욱 반짝반짝
빛이 나지요

눈은 떴으되
시(詩)에는 까막눈
넋두리나 적었던 나

어처구니없는 꼴에
제 손 꼭 잡아주신 당신
천운을 만난 거지요

빛나는 별이 되어보거라
채찍도 훈계도
사랑의 매였지요

온 힘 다해 배우며 핀잔도 하며
자양분 다 주신 당신은
아낌없는 나무였지요

아직은 흐리지만,
꼭 빛나리 오
당신께 보람 안겨 들이리 오

남을 빛나게 하는 자는
곧 자신이 빛나고 있다는 것
바로 당신이 그러하지요

한자어 이름

한자를 배우는 아이
제법 즐긴다

할머니께서는 여류 시인이신데
왜? 이름에 글자 자(字)가 아니고
아들 자(子)를 쓰냐고 묻는다.

아들 '자' 는 자식이란 뜻이라니
아이는 금방 터득한다

이름이 고귀한 〈梁 春 子〉
할머니가 일부러 웃기자
아이는 진짜로 알고 활짝 웃는다

할아버지께서 지어주신 이름
어릴 적에는 촌스럽더니
장성하면서 성과 어울림을 알았다

아이는 아직 어려서
이름에 대하여 잘 모르겠지만
그 이름이 내게는 고귀하다

꽃의 여운

당신이 내 안에서
꽃이 되듯이
나도 당신의 가슴 속에서
꽃으로 피었지요

지난 날 우리의 사랑
기억할 때마다
그 꽃 지금도 새록새록
향기로 피어나지요

향기, 영원히 그윽할 우린
천생연분이지요

누군가를 위해 저물어 보세요

낙엽과 결실의 가을은
이율배반의 계절입니다
결실에 육신은 살찌고
낙엽에 산천은 헐벗습니다

하지만, 낙엽은 수북이 뿌리를 감싸
추위를 견뎌내게 해줍니다
그건, 눈에 보이지는 않지만, 영혼을
살찌우는 일이랍니다

그러므로 가을은 시시비비가
산천의 단풍 같은 계절입니다.
낙엽 같은 그대의 영혼으로 누군가
한 송이 꽃이 되게 해 보세요

병원 대기실의 풍경

밀물 밀려들 듯 환자들
북적거리며 모여들었다가 오전 내내
호명에 따라 하나둘 빠져나가
점심 식사 때가 되어서야
썰물에 갯벌 쓸려나가듯 휑해진다

남은 건 아픈 사연 간직한
빈 의자와 환자들의 여운
그들의 근심, 걱정 다 정돈이 될 즘
또다시 낯모를 환자들이 몰려오면
측은해서 또 사연 다 들어준다

하루에 두 번씩 병원 대기실은
밀물과 썰물이 교차하는 갯벌 같아서
환자로 꽉 찼다가는 또 텅 빈다
아프고 아린 사연들 다 읽어내며 묵묵히
쾌유를 비는 의료진들

한 의사가 내게 넌지시 속삭인다
관절 아직 괜찮으니 게으름피우지 말고
운동 열심히 하라고

꽃꽂이

유혹에 못 이겨 꽃 꺾는다
순간 그의 생은 끝난다
씨방도 없이

하지만 그 순간만이라도
대접받는 영광에 활짝 웃는다
꽃 숲의 요정처럼

나무에서도 열흘을
못 넘기는 태생이어서 그런
선택은 행운이다

우아하게 꽃꽂이가 되어
한 생을 마치니 씨방 없을지라도
그건 보람이다

네 밑동을 자르며

세상 만물 중에는
독약도 있고 특효약도 있다

수세미, 오이 줄기에서
나오는 수액이 기침에 특효약이라니
어느 정도 줄기에 약이 오르면
밑동을 자르고 수액을 병에
받혀 놓는다

한창 샛노란 오이꽃
싱글벙글 거리며 찬찬히 보는데
가위 잡은 손 죄스럽고 떨림은
아무리 만물의 영장이라도
이리 풀 한 포기 아끼는 마음 다 같으리
한참을 벼루다가 눈 딱 감고 질끈.

기침 나으면
내년에는 오이 심어
그때는 안 하면 돼지
하지만 한 치 앞도 모르는 게 세상
어찌 장담하랴?
미안해서 꽃이라도 사진 찍었다

사진에 꽃은 시들 줄도 모르고
꽃 피게 해 줘서 마냥
고마워할 테니까

기적을 바라며

평화로운 보금자리에
천둥. 번개 치듯 우환이 들다니
그녀는 마음으로 울고
그는 가슴으로 운다

울다가 지친 그는 아무리 되뇌어도
그 응어리 풀 수가 없었다
그녀는 아픔 어찌할 수 없어
위로하는 타인의 심정까지 울렸었는데
그런 일상을 이제는 재치로 넘기며
모든 걸 잊고 새로워지려 애쓰는 모습이
말은 못 해도 그 맑은 눈에서 보인다
얼마 전에는 아내에게서
"여. 보. 사. 랑. 해. 요."라는
전화를 받고 놀라서
사지가 다 떨리더란다

버벅거리는 비음이었지만
믿기지 않는 그 아이같이 순수한 표현이
꿈만 같아 귀를 의심하면서도
또렷하게 여운으로 남더란다
그래, 감기 앓고 일어나듯,
훌훌 털고 일어나길 그는 매일
학수고대하며 희망의 끈 놓지 않았다
신의 가호로 그녀에게 기적이 일어나기를

가스나
- 한글날에 즈음하여 -

밉상스러운 여아를 경상도 말로
'가스나'라 부른다
그런데 그 말에는 또 다른
뼈아픈 속설이 숨겨져 있다

일제 강점기 때
여아들을 성희롱하고 잡아가는
왜놈들의 횡포를 피하고자
여아에게 갓을 씌우고
남장하여 보호해야만 했다
그런 유래로 "갓 쓴 아이"
"갓 쓴 아", "가스나"라 하였단다

오해가 시비를 빚는다고
상말로 '가스나'라 하는 줄 알았던
나의 오해에 마음이 씁쓸하다
은어도 우리말이란 생각에
그 의미 제대로 알고
써야겠다는 생각이 든다

"가스나"
쓰기에 따라 달라지는 의미
새삼 상기해 본다

널 바로 보지 못한 까닭은

정열로 피어난 듯해도
외로움 역력하여 가슴 아린 너
감싸 줄 잎 하나 없어
재회, 꿈꿀 수 없는 애잔한 상사화

밴댕이 속 같은 그치
연서마다 애잔함이 극치여서
사랑의 미끼에 흔들렸던 마음
곧은 너 보며 추스른다

홀로 있어도 변함없이 꿋꿋한 널
바로 보지 못한 까닭도
한때 사랑의 연서에 상사병으로
가슴 앓이 한 때문이었다

4부

소확행

위대한 여운

산불 잿더미 속에서
불에 탄 까투리 날갯죽지를
작대기로 건드렸더니
꺼병이 서너 마리가
꽁지가 빠져라 달아나더라

피난길에 어머니
자식들 대롱대롱 치마폭에
얼세라 감싸 안느라 허릿동에
하얗게 고드름이 달렸더라

까투리는 날개가 있어
불길을 피할 수 있었건만
제 새끼 위한 어미는 모성애를
까투리 날개인 양 쓰셨다

나도 저런 피난길의 어미라면
저들 같았을까?
여자는 약하지만
어머니는 강하다 했는데

까투리만도 못한 모성애 천지인 세상
저들의 모성애 나를 돌아 본다

민족의 참요 새야 새야 파랑새야

청일 전쟁을 빌미로
내 나라를 밟고 지나가며
동학 농민군을 학살하는 일본군
총칼 앞에 강물은 핏빛을 이루었고
입에서 입으로 전해온 뼈아픈 참요 가사
새야 새야 파랑새야 녹두밭에 앉지 마라
녹두꽃이 떨어지면 청포 장수 울고 간다

위 참요 가사의 파랑새는 팔 강국 중 일본군
녹두밭은 동학농민군
녹두꽃은 키 작은 녹두장군 전봉준
청포 장수는 나라와 백성
내 나라의 시대상을 상징적으로
민족 애한의 참뜻을 전하고 있다

애잔하면서도 내 나라에 충성스러운 한 사람
그를 상기하라 새긴 정읍휴게소의
녹두장군 전봉준 그 큰 글씨
녹두꽃아, 다시 피어라
그대의 호국정신 영원히 살아있음이다
그대의 애국 지심에 숙연해 짐이다

조건없는 사랑

손 내밀어 준 당신 있어
넘어지지 않았지요

힘내라는 당신의 응원 힘입어
삶이 힘들지 않았지요

기다려 준 당신 덕분에
길 잃지 않고 자생력 길렀지요

말 건네준 당신의 훈육 있어
지침서가 되었지요

그런 멋진 당신 있어
내 인생도 아름답고 향기로웠지요

당신! 정말 고마워요.

진실과 감동

"제발 아줌마를 살려주세요"
신께 더더욱 매달렸다
돈이 없어 수술을 못한다니
빵 사 먹으려고 구걸해서 모은 돈
전부 다 주고도 더 못 줘서
가슴 아픈 소년의 기도다

낮말은 새가 듣고
밤말은 쥐가 듣는다고 이 광경
통신으로 전파되어 그녀에게
보내 온 기금으로 수술을 받았고
소년은 부잣집 양자가 되었다는 소식에
그녀는 자신의 수술보다
소년이 잘된 것이 더 행복했다

진심은 이렇듯 아름다운 것일까!
어느 날 티브이에서도 그랬듯이
75만 원이 전 재산이라며
나와 결혼해 줄래?하는 남자의 말에
여자는 진심에 대답 대신
눈물을 흘렸단다

비우면 행복이 한 짐이요
채우면 근심이 한 짐이란 말

알면서도 행하지 못하는데
하늘은 스스로 돕는 자를 돕는다고
소년의 진심이 그녀를 살렸다

단 하루를 살더라도 소년처럼
나도 행복나무를 심으리

논평이란

도마 위의 생선이다
회가 될지 찌개가 될지
칼자루에 달려 있다

과녁을 향한 화살이다
관중일지 불발일지
화살만이 안다

그렇다고 다 답은 아니다
사람이 하는 거니까

사랑했기에

세월 간들 그 사랑이 잊힐까
날 밝는다고 북두칠성이 지워질까

가슴 깊은 곳에 있는 그녀를 찾아
한밤중 그 집 앞 서성이던 사랑꾼
혹여, 유리창에 그녀 얼굴 비칠까
허구한 날 그 집 앞 서성였으나

못 본들 누구 탓을 하리오
몰래 보는 그 마음
짝사랑의 애달픈 운명의 비애

이제는 오도 가도 못할 노구
잊히면 좋으련만 그 기백 다 죽고
세월 가면 그 집 앞 서성일 때가
그래도 생애 상록수였네

달그림자 애꿎은 애수려니
달맞이꽃, 그녀인 양 아롱아롱
꽃잎에 이슬 맺히네

여무는 노을

움켜쥐었던 손을 펴 봐요
날아갈 듯 심신 가벼워서 좋아요

이제야 그 무엇도 부러울게 없으니
천만다행이어서 또 좋아요

버리고 비우면 거칠 것이 없어
홀가분해서 더 좋아요

소확행

흙이 뿌리를 감싸 안아
나무가 곧게 서듯
나무는 풀잎을 가지마다 돋게 하여
텃밭에 바람막이 울타리로 서서
텃밭의 여린 싹이나 작물들을 감싸 준다
저들 다 그렇게 자연에 순응하며
섭리에 행복해 진다

이렇듯 내게도 누군가를
보듬어 줄 수 있는 마음이 있다는 건
큰 행복이겠다
반 컵의 물을 보면서도
"아, 아직 반 컵이나 남아있구나!" 하며
긍정적일 때 평온하고 행복하다

작지만 행복한 마음을 먹으면
저절로 행복이 깃든다

물병과 잔

그는 꿇릴 게 없는데
늘 선거에 낙방하여 궁금했다

한 세상 살다 보면
하찮은 것에서도 교훈을 얻는다
주면서도 몸을 숙이는 주전자와 물병은
가진 걸 다 줄 때까지 몸을
숙이고 또 숙인다.
몸을 숙여야만 줄 수 있다는 것.
꼿꼿한 자세로는 줄 수 없다는 것.
가진 걸 다 줄 때까지 몸을
숙이고 또 숙이는 낮은 자세는
겸손의 의미다

저 하찮은 물건의 교훈이
그 어느 교과서나 강의보다도
가르침이 큼을 보여 준다
잔이 물을 얻으려면 주전자보다
낮아져야 한다는 것도 그러하다
그의 문제는 교만이었다
행동보다 말이 앞서 진실성이 떨어져
사람의 마음을 얻을 수 없었기에
늘 낙방한 것이라는 조언이다

못

제아무리 잘났어도 혼자서는 무용지물
그런데 이상하다

여인의 한, 오뉴월 서릿발처럼
자식 묻은 어미의 가슴팍에 대못이 박힌다
한 번 박히면 빼도 박도 못하는
그 아픔 평생 안고 산다

그건 보이지 않는 아픔이요
당해보지 않고는 가름도 할 수 없는
어마어마한 비애인 거다

보이는 아픔은 제구실하도록 인도하면
차차 낳아질 수도 있지만
보이지 않는 아픔은 치유할 길 없으니
평생 아픔이다

상추 장아찌

여려서 오래 보관할 수 없는 상추로
버리기 아까워 장아찌를 담근다

처음이어서 어떨까 걱정이 되지만
맛 좋을 상상을 하면서 우선
씻은 상추의 물기를 빼고 가지런히 간추려
용기에 꾹꾹 눌러 담아둔다
그다음 왜간장, 설탕, 식초를 모두
1씩의 비율로 섞어 양념장을 만들어 냄비에 붓고
센 불에서 팔팔 끓여 그대로 상추에 붓는다
뚜껑을 덮어두었다가 다음날 한 번 더 뒤집어 주었더니
양념장이 골고루 배어들어 소금에 팍 절은 배추처럼
순이 죽어 얄팍하니 깻잎 장아찌처럼 잠이 들었다.
다음날 먹어보니 밥도둑이 따로 없다

문득, 제사에 한 번 쓰고 버리기 아까운 종이에
기름칠을 해 두었다가 다음 제사에 다시 썼다는
고비라는 지방지가 떠오른다
또한 굴비를 새끼줄에 묶어 두고 쳐다보며
짠 반찬의 효과를 냈다는 절인 굴비 즉
자린고비란 어원의 유래도 새겨본다
이러한 지혜에 자린고비는 구두쇠라는 의미보다는
물자 절약이라는 뜻으로 더 크게 다가온다
상추 장아찌의 첫 시도가 아삭아삭 상큼하다

청초시보

꿈인 듯 격려에 가슴 벅차
부담과 부끄러움으로 이렇게라도
제 속을 뒤집어 보이지 않고는
버틸 수가 없네요

또한, 화려하지 않으면서도
고움을 지녔다는 어원의 청초
친척으로부터 청초라는 아호를 받았을 때
누가 이리 딱 맞는 아호를
지어 주었느냐며 탄복들 할 때
찬사가 넘치도록 과분하여 곱게
청초로 살리라 다짐했지요

"좋은 시 많이 쓰세요"
시인이라면 누구에게나 가장 쉬운
인사치례인 격려와 용기가 되는 말씀
황혼에 걸맞게 살라는 지침이리오
더욱 노력하라는 말씀이리오

시「상추 장아찌」에 내리신 청초시보란 격려
과분합니다만 깊이 간직하겠습니다.

졸음
- 첫 시집살이 -

낯선 시댁의 첫날밤이 지났다
숙부님은 조카며느리 생각한답시고
시집살이 땡추보다 맵다는 등
별스레 시집살이 훈수다
전날 밤 잠이 부족했던 새댁은 말씀이
뒷등에서 뱅돌다가 숙부의 말 등에
졸음을 태우고 들판을 거닐며
옷고름 날리도록 잠이 깊어 꿀맛이다
그까짓 훈수 닥치는 대로 살면 되지
"시집에서 살려면
석삼년을 참아내며 시집이란 강을 건너려해도
강나루의 강물은 얼어붙을 것이다."
훈수가 잠꼬대로만 들리던 잊지 못할 그날
한 시간을 졸음에 꾸뻑거리는데
졸음 아랑곳없는 어른은 속이 없어 보였고
밉던 곱던 다 제 할 나름이라는데
새댁은 더 철이 없어 보였다

졸음의 눈까풀 무게는
항우장사도 못 이긴다더니
훈수 때 졸음이 첫 시집살이였다

당신의 구두

가는 곳이 어디든 실어다 주던
당신의 분신이었지요
저녁이 되어 돌아와 땀에 젖어 벗는
가장의 무게 감당해낸 귀중한 존재였지요

흙먼지 뿌옇게 뒤집어 써 지근거리고
돌부리에 채여 코에 생채기가 나고
낙엽에 바닥이 미끄러졌더군요
곤한 일상에 비틀거렸을 주름 많은 구두

힘든 일상에 골 안은 때가 끼고
허연 성에에 검은 약칠을 하고
발이라도 부드러워지게 닦으면서
희망찬 내일을 소망했었지요

당신이 밟는 곳마다 편안해지도록
작지만 정성껏 내조했었지요
벌써 먼 세월 속 추억으로 한소끔
그리움만 솟구쳐 가슴 아리지만요

기다림

중독된 기계음 기다림은
속절없는 시간 허비다

까치밥 툭!
그 소리에도 벌떡
일어서는 설렘
너였기를 바랐는데

낙엽 구르는 소리에도
너인 양 민감해지는 맥박
카톡을 기다려 본 적 있는
나는 안다

또다시 고요가 엄습
이건 예고 없는 고행이다
아니 수행이다

싸가지 없다?

어찌 보면 보편적으로
자주 쓰는 욕설이다
"이 자식 싸가지가 없구먼"
이렇게 말이다
그런데 이 어원의 뜻이 있다

인.의.예.지.신(仁 義 禮 智 信)
즉 인은 어질고, 의는 의롭고
예는 예의가 바르고, 지는 슬기롭고
신은 믿음이다
이것을 오덕이라하며 사람이 지켜야 할
가장 기본의 덕목인데

여기에서 사가지가 없다란 유래는
전언으로 전해지는 건지
사가지가 없다가 싸가지가 없다
이렇게 되었다 한다
알고 보니 과연 그럴싸하다
믿거나 말거나

"싸가지가 없구먼"
이 말 듣지 않게 올곧게 살자

* 싸가지없다; 버릇 없다는 뜻의 전라도 사투리

스승님은 울보

처음부터 그랬다
그분은 반석 위의 초석인 듯
어떠한 위기 앞에서도
불굴의 화신이었다

댓 쪽 같은 꼰대
오롯이 인간적인 성미 때문에
누구든 곤경에 처한 꼴을
못 참는다

그럴 때는 제 몫을 다
내어줘야 편안해한다
남의 아픔을 함께해야 편하다
저들의 역경 못 본 채 못 한다

세상이 양지이기를
명명하게 외친다
그늘진 이에게 햇빛 되려 애쓴다
나는 그분을 보면서 깨우친다

꼰대 같지만, 성품은 울보라는 것
이제는 더 분명하게 안다
양파 같은 비밀의 존재
아이가 요즘 스승인지도 모른다

울보 스승에겐 꿈과 낙이
아인지도 모른다

소주

약속된 언어만으로도
기분이 업(Up)되는 달콤함
캬~ 소리와 함께 시간이 가재처럼
뒷걸음친다

사물이 핑 돌게 미치는 환각
꼴에 떨어져 민낯으로는
못 치는 사고까지
후회는 한발 늦은 범죄의 몫

맑은 물처럼 보이지만
속아주는 속들
순수한 마력은 환각 지경까지
상태를 몰아부친다

활력소로는 적당히 마시면
최고의 위력과 힘도 주고
용기도 주고 시름을 잊게 하는
든든한 보호자인 듯하지만

과유불급 억제 못 하면
고주망태 추태배기로
생에 원수가 되니
체면 다 져버린 꼴불견이다

소주는 물이 아니다
약이 되면서도 마약 같은 존재다
알면서도 쉽게 끊지 못 하는
아주아주 가까운 마약이다

눈이 부시게

인생 황혼기에 원숙미를 갖췄다면
감지덕지요 더는 바랄 게 없다

수줍고 곱던 여린 처자가
며느리가 되어 다소하니 말대꾸도 못하고
속속들이 속병이 한이 되었다가
집안의 최고 어른인 팔순이 훨씬 넘어
제대로 호령 한 번 못해보고
한순간에 이빨 빠진 호랑이 뒷방노인 신세라
유격대장 아줌마도 때가 지나고
그나마 연륜 덕에 입심만 되살아 나
숙성된 희로애락 전화 속 수다가
초가을 낙엽 뒹구는 바람 소리만 같다

이 또한, 수다 떠는 친구가 있어
치매 치료제로 다행이었다
조상 세대 벗들 안 그러랴
여자는 뒤웅박 팔자이려니
몇억 자를 집필로 쓰고도 남을 시집살이
사노라니 실타래 풀듯 말로 글로
풀어내니 소화제가 따로 없다

그래도 여자는 죽는 날까지
생이 문드러져도 조신해야 하며

어미의 본분으로 꽃다운 씨방답게
후손에게는 인품 있는 한 인간으로서
어미의 소임을 다 해야 하지 않겠는가

혹여, 호피무늬처럼 눈이 부시게

해변의 여인

갈매기 발자국 밟으며
추억에 잠겨요

홀로 고독에 젖어
파도 소리 듣고 있어요

고왔던 그대와 함께
오손도손 속삭이고 싶어요

첫사랑의 설렘
다시 느껴보고 싶어요

철썩 파도 소리에 그리움
곱게 잠재우고 싶어요.

5부

제비는 곡식을 먹지 않는다

세상에서 가장 행복한 사람

희끗희끗 긴 머리 옆으로 돌려
질끈 묶으면, 생생한 꽁지머리 뒤태에
눈먼 남자 따라다니는 만년소녀
모자가 잘 어울리는 그녀는
이렇게 말합니다

세상에 단 한 사람에게서 만이라도
진실한 사랑을 받는다면, 그 사람이
세상에서 가장 행복한 사람이라고
그게 바로 행복이라는 걸
믿는다고

아! 당신은

잦은 이사 탓에
주소가 문제였던 우편물 혼동
이제는 그럴 일 없으리라 믿었지요

당신은 몇 차례 현주소를 사용하시더니만
요즈음 전 주소를 다시 사용하신 건
건망증일까요? 무관심일까요?

옷깃만 스쳐도 인연이라는데
벌써 식어가는 인연일까, 싶어서 두렵네요
역력하게 무관심만 같아서 서럽네요

사랑은 변한다지만 인연도 변할 줄이야
애석하기 그지없는 아! 당신은
제 명함도 잊으실까 봐. 애타는 물망초

어쩌지요?

* 많은 지인의 주소록을 정리하다 보면
  가끔 착오가 생기기도 하지요.

군자란

너 꽃!
혼자 사는 이가 안쓰럽다며
아침마다 문안 인사다

눈에 넣어도 안 아플 자식이다가
속삭이는 귀 옛말 애인이다가
정 많은 혈육 지간 수다쟁이로
애틋한 하루를 연다

저들의 어리광에 행복에 겨워
물도 주고 이파리 쓰다듬어주면
저들의 숨결 금세 돌아와
봉긋한 꽃봉오리 활짝

생기발랄하고 청초한 아침
군자는 입을 아끼고
범은 발톱을 아껴라며 넌지시
눈 맞춤으로 중용을 한다

풀잎 사랑

이른 아침 소먹이로 들에 가면
이슬로 밭둑이 질펀하여
신도 가랑이도 다 젖어
성가시던 어린 시절

이슬 찬미하던 시인이나 가수들이
미친 것만 같았는데 이젠
그 영롱한 이슬 수정처럼 맑아
영혼이 씻기는 듯하다

밤새 맺힌 신비로운 조화
진주처럼 영롱하여 은구슬
실에 꿰어 목걸이 만들어
임의 목에 걸어 주련만

태양볕에 말라버려 오간 데 없어
아침에만 풀잎에 영롱한
그 짧은 사랑의 연민에
그리움만 한없네!

제비는 곡식을 먹지 않는다

어느 날 중년 부부가 외팔 도사를 찾아 왔다
사주쟁이로 풍수지리에 능한 그분

남편이 잠깐 나간 사이 아내에게
남자의 외도를 어찌 생각하느냐 묻자
아내는 서슴지 않고 남자의 외도란
수많은 계단을 오르내리다 한 계단에서
발을 헛디딘 거라며
어느 잡지에서 읽었다고 했다

잠시 후 남편이 돌아오자 그분은
남편더러 아내에게 큰절을 하라고 하며
남편을 청렴한 사람인 양 빗대기를
참새는 논밭의 곡식을 먹지만
남편은 논밭의 제비와 같다고 했다

눈빛 그윽한 그분 과연 남편은
바람을 피웠다는 건지?
아니라는 건지?
강남 제비는 바람의 상징이라는데

일상 너머로 보이는 무지개 121

평행선

남극에 빙산이 다 녹아도
강 건너 불구경일 줄이야
사랑으로 꽁꽁 언 가슴
뉘라서 녹일거나

야삼경 짐승도 다 잠들어
고요만 성성한데 그대는
뉘 못 잊어 모닥불에
언 손도 녹이지 못하는가

가슴팍에 심지 박아 놓고
불 켜지도 못하면서
애타는 심정은 왜 활활 타서
툭툭 떨어지는 촛농인가

그대 녹일 당사자는 누구요
애로라지 사랑만이 활화산처럼
불 붙여 두 몸이 하나 되어
타오르게 할 수 있으리다

그때는 밤 깊이 잠들 수 있어
그도 행복한 인연으로 여겨
세상 어느 누구에게도 떳떳하게
살아 있음을 다행으로 여길 것이요

이루지 못한 평행선 같은 사랑
못 잊어 그리워하며

가나다라, 우리의 한글

나라의 위상 우뚝 세운 한글
애국하여 나라 건진 독립 선열들
다시 봐도 그 정신 이 나라의
근본이고 본보기요

라면도 세계 수출 1위요
마음은 백의민족 윤동주요
바다가 살아 있어 소금이요
아가를 낳아야 애국자지요

사랑하며 사세요 이 짧은 세상에
자신을 믿으세요 힘이 납니다
타인께 배려해야 사회가 밝습니다
하늘은 스스로 돕는 자를 돕습니다

국민은 세종대왕의 한글을 사랑하고
시인은 한글로 시를 씁니다
세계 유네스코에 등재된 한글
지구상에 우뚝 선 세계 1위 입니다

자랑스러운 한글, 나라의 위상
드높습니다.

바람

떠꺼머리총각 시절
나 좋다고 애간장 녹이던 그대
청바지에 풋냄새 물씬거리며
노소녀 설레게 들떠있었다

버들강아지도 나오려다
단장한 그대 보며 멈칫,
매화도 질세라 꽃봉오리
다시 터트릴 기세였다

잔디는 아직 누렇고
봄까치꽃 엎드려 눈만 빼꼼
그대를 따르리 없어 창공인 양
의기양양 드높은 노소녀

노을에도 나 좋다고 하는 그대
그런 그대가 연인만 같아서
봄이 시샘할 인증사진 한 컷
바람든 가슴에 꾹 눌렀었다

밑천이 있어야 카지노 가지(시조)

글이란 그 사람의
내공의 울림이요

함부로 평론함은
자신의 망신거리

아서라 올챙이꼬리
잘랐다고 개구리랴

새벽 카톡!

풀잎에 영롱한 이슬이네
눈망울은 목이 긴 사슴이네

온 밤 지새운 서녘의 샛별인 듯
사랑이 으뜸인 천사인 듯

삶의 촉매자 행복의 화신
한결같은 보석 잉태한 당신!

매일 카톡 은은한 인향 365
생이 아름다워라 눈이 부셔라

어머니의 애콩

애콩 쪄먹게 영글 때가 되면
당신 더욱 그립습니다

아버님 첫 기일에
서울 사는 딸들이 온다고
커다란 비닐봉지에 손수 농사지은 것 중
씨알 좋은 것들만 골라 담았다가
뜻밖의 밤비에 흥건히 젖어 그 풋것들
깍지가 터져 욕봤었다지요

마당 한가운데 흩뿌려놓고
딸내미와 손녀딸 먹이려
다시 말려 성한 것만 골라 담느라
온종일 땡볕에서 타셨을 텐데
하늘의 무심한 처세에
당신 얼마나 속상하셨을까요

매년 그것이 영글어올 때면
당신의 애틋함에 마음이 저미네요
그런 큰 언덕이신 당신 무너지니
당신이 손수 지은 애콩 먹을 길 없어
포근한 당신 한없이 그립습니다
어머님!

운수 대통

철썩 믿었기에 복된 것이다

중년에 생고를 겪을 때
지나가던 시주승이 무심코 던진 한 마디
"부인은 말년 복을 지녔습니다."
덕분에 작은 복에도 철석같이
그 말 되새긴다.

남들에게는 왕비로 보였을망정
빛 좋은 개살구였던 생
늘 살얼음판만 같아 불안한데
스님의 그 한마디 철석같이 믿었기에
말처럼 말년에 복된가 보다

갓 지은 시로 감성에 젖어
잠시 마음의 여유로움을 갖는다
그러면 걱정 따위 노을 지는 서산에
구름 걷히듯 사라져 생이
넉넉해 진다.

팔자에 순응하면 복이지

사랑에 배신 겪은 이는 알지
천형 같은 가슴앓이 그게 사랑이지
하늘이 무너지고 땅이 꺼져내려
내 설 곳 없어 텅 빈 맘
바람에 흔들리는 갈대만 같아도
내 생은 내 몫 누굴 원망하겠는가
순리를 찾아 순응하다 보면
저절로 답이 나오게 되지
그렇게 살아도 팔자는 못 벗어나는 것
원망은 아픔만 초래하는 것
긍정적으로 생각하다 보면
내 몫에 불만도 사라지는 법
그것이 행복의 지름길이지

추석 선물

사방에 휘늘어져
사계절 피어나는 꽃들은
고추를 위함이란다

꺾인 꽃은 죽어도
맵든 안 맵든 고추는
따서 말리기 나름

세상에 산 것들은 다 죽어도
고추만은 죽어도 살아 매우니
괜스레 고추 원망마라

꽃이 제아무리 고와도
살았을 때 뿐이요
고추는 영생이니

세상 꽃 잔치가 모두
고추 위함 아닌가

시인이여!

희망의 아침바다 노를 젓듯
석양의 만선을 위해 그물 깁듯
시인은 오색찬란한 시어(詩語)로
한 코 한 코 쉬지 않고
시(詩)를 깁지요

자아 성찰과 고뇌의 치유
삶의 보람과 인류의 화평을 위해서
티 없는 창공과 숨어 우는
바람 소리까지도

누구라도 마중하도록
사랑스러운 마음으로 진실하게
자연에서 시어를 찾아내어
화평의 그물을 깁지요

부메랑

되돌아온다는 것

어찌 이런 일이 당황스럽지만
곰곰이 생각해보면
바르지 못한 언행 탓이다
몸가짐이나 마음씀씀이
저도 모르는 사이 남의 가슴에
비수를 꽂음 같았음이다
좋은 일이나 나쁜 일이나
말이 씨가 되는 법
다 곡해해서 생기게 된다
능력과 인품을 갖추는 것도
남을 위한 것이니
베풂에 겸손해야 한다
행함엔 때가 없다
늦었다고 생각할 때가
가장 빠를 때다
세상엔 공짜는 없는 법
뿌린대로 거둘 것이니
복 받게 살아라

아직 살만한 세상

그녀는 하루에 세 번이나 천사를 만났단다

여인의 몸으로 노약자석을 노인에게
내어주니 노인이 놀라며
"어떻게 그렇게 마음이 예쁘세요?"
"당연한 걸요 뭐."

귀갓길 버스에서 에어컨 고장으로
찜통인 차 안에서 시원한 바람이 스쳐
살짝 옆을 보다가 화들짝 놀라
"어떻게 그렇게 마음이 착하세요?"
노인이 그녀에게 미소지으며
부채질을 하고 있었단다

낡은 청바지처럼 편해서 그녀는
값싼 중고 경차를 타고 다니는데
비오는 날 주차장에서 차에 판자를
덮고 서있는 50대 한 분을 보았단다
"어떻게 그렇게 마음이 고우세요?"
"허허, 열린 차 창으로 비가 들이칠까 봐요"

그의 선행이 큰 감동의 물결을 일으켜
마음 벽을 허물며 넘쳐 거품을 일으켰단다

세상을 영롱하게 하는 것은
국회나 방송에서 하는 거친 담론이 아니라
이웃을 향한 사소한 배려가 아닐까!

하루에 최소한 세 사람에게
미소를 지어보라는 짧은 글귀도 그렇고.
풀꽃 같은 작은 행동들이 거친 세상에 있어
아직 세상은 아름다운가 보다

원두막

피그르 속웃음 그 시절
배 곪음도 있었지만
장난기가 발동하면
수박 서리 참외 서리
들키면 걸음아 나 살려라
줄행랑이 상수였다

어느 소년이 살구 서리하다가
나무에서 꼼짝 못하고
쥔장에게 잡혀 꿀밤 먹으면서도
이웃집 순이 줄려고
살구 2개 꼭꼭 숨겼다나

달콤한 그 추억 가끔 끄집어내
그 신맛에 군침 흐르는데
이제는 마음만 청춘
순이는 그걸 알까 몰라
요즘 흔한 찻집에서 순이 불러
황혼의 데이트라도 하시기를

석우 선생 소원 푸시기를

한 컵의 무게

물 한 컵을
200g~300g 정도라 여기지만
이것을 얼마나 오래 들고 있느냐에 따라서
그 무게도 지탱하기 어렵다네

한 시간, 한나절, 하루
이렇게 들고 있으면 무게는 점점 무거워지고
어깨는 쥐가 나게 될 정도라네

가지고 있을수록 쌓이는 스트레스
빨리 놓아버려야 한다는 걸
깨닫게 하네

내려놓으면 항상 똑같은 무게인 것을

쉼표

나이 따지지 말고 철들어 보소

쉼표라는 부호처럼
고속도로 휴게소, 산책로 벤치,
산마루 정자, 이것들 모두
잠시 여유롭게 숨 고르는 쉼표지요

고단한 다리 잠시 쉬어가는 곳
삶이란 고속도로가 아니지요
늙어지기 전에 쉼표
자주 활용하세요

그런 쉼은 다시 힘 북돋아 주는
활력소가 될 수도 있고
그런 지혜 깨닫지 못하는 건
과욕이지요

과욕은 자신도 모르는 사이
커다란 화를 자처하게 되지요
과욕 탓에 심신을
좀 먹는 게 보이나요

6부

들꽃

이런 게 보람

장례식장에 '조시' 한 수가
문상객들 마음을 감동케 한다

그 일로 고인의 친척 한 분이
작가가 누구냐며
조시를 카톡으로 받고
작가를 소개받아 시집까지
한 권 받았다

그 덕에 시인은 다른 이에게도
시집을 보내게 되었다

이보다 더 흐뭇한 일이 또 있을까
시집이 날개 돋친 듯 나가
많은 독자에게 한 구절이라도 읽혀
감동을 주게 된다면
시인으로서 이보다 더 큰
보람이 또 있을까?

진도 쏠비치

캄캄한 밤 대명리조트를
철썩이며 애무해 오는 파도 소리
누구 하나 들어주는 이 없어도
새벽까지 속삭임 애절하다

송군에 궁전을 지어
검푸른 바다의 정적 깨트리는
파도와 속삭이려 투숙객 몰려들어
인산인해를 이루었다

온 언덕에 꽃대를 세워
파도, 만인과 함께 황홀해져
황금성, 황제와 황후, 신하와 시녀
밤은 우아한 별천지다

유럽의 지중해를 방불케 하는
여유만만의 불야성
진도 쏠비치

시금치와 계란

깊은 상처에 그 따뜻한 말 한마디가
약이 되었다며 은혜에 감사한다고
달콤한 겨울 시금치 한 다발과
계란 한 판을 사 들고 오신 당신

팔십 평생에 사람대접받기는 이번이
처음이라며 눈시울 붉히셨는데
오히려 이런 선물 받아도 되는지
자신을 돌아보게 한다

외로운 냉기가 스치는 당신
가냘픈 그 모습 안쓰러워 꼭 안아드리며
이런 거 안 주셔도 되니 건강만 하시길
당신만 대접받고 잘 사시길

재차 주소를 물으며
남편 오기 전에 가야 한다면서
기억의 허리로 쫓기듯 휘저어 가시는
씁쓸한 뒷모습 처량하시다

누구든 사랑이 으뜸인 줄 알기에
사랑받고 사시기를

가을 명화

아이의 첫 피아노 독주가 있던 날
음악회 대기실은 긴장감으로
심장이 멈출 듯 두근두근
방망이질이었단다

이름을 부르자 온통 머릿속이 하얘져
심장이 밖으로 뛰쳐나올 듯
인사를 어찌했는지 선생님 말씀도
들리지 않았다는 아이

피아노 연주가 시작되자
눈감고도 하던 연주이었건만
1분이 1년만 같았다는 아이
다음에는 더 잘하리라 다짐한다

머릿속이 하얘져 아무것도 보이지 않았는데
엄마가 찍어놓은 동영상을 보고서야
부모님의 응원이 예쁜 가을 명화처럼
웃고 계셔서 마음 놓았다는 아이

핑크 뮬리에 감싸인 감나무의 열매
오선지 위 악보처럼
주렁주렁한 사랑의 열매가
관객의 갈채를 받는 자신 같았단다

그 갈채 지금까지 키워주신
부모님의 사랑만 같았다 한다

그날의 흰 구름에

마당에 멍석 펴고 모여 앉아
솜사탕같이 포근한 목화솜
한 조각씩 조심조심 속 홑청에
펼쳐 넣는 동네 아낙들

엄마 잃은 손녀딸 시집보낼
혼수 장만에 부풀던 할미 심정
뭉게뭉게 흰 구름 둥둥 비단금침
목화솜만 같으셨으리

신혼에 알콩달콩, 금자동이 순산하고
행복하게 잘 살라고 한 땀 한 땀
정성 깃든 비단금침에 청실홍실
백년해로 바람이었네

하늘도 청명하고 목화솜도 무공해하니
축복 어린 바늘땀 그 정성에
아껴두신 쌀독 열어 복지으시며
흰쌀밥 지으시던 울 할미

하늘에 흰 구름만 둥둥 떠다녀도
그날만 같아 온 정성 다 하시던
울 할미 얼이려니, 한없는 그 사랑에
속절없이 눈시울만 붉네

여류작가의 상

다소곳한 여인의 기품
포용과 솔선
흐르듯 맵시의 선
은은한

눈으로 볼 수 없는
그대의 마음
사랑과 배려가 겹칠 때
보이겠지

문인의 미학이
그럴진데

자유 부인과 갈대

가냘픈 몸짓으로 세찬 삶의 고뇌 이고
흔들리던 바람의 전설 새기던 곳

칠흑 같은 밤 그 순수한
순애보 무선 타고 들려오던 날
소포 나루터 바람결에 부딪히며
추억 곱씹는 갈대숲

그 숲 언제나 그랬듯이
눈보라 휘날려도 부러지지 않고
꿋꿋하여 그 모습이 대나무요
강인한 당신만 같소

보고 또 봐도 질리지 않는 갈대
한밤중에 전화해도 거칠게 없다던
그댄 자유부인이라던 그 말
가슴 시리도록 그립네요

둑길 한없이 걷고 싶다던 당신
뜻밖에 금실 좋은 엉뚱녀니 뭐니
별빛 쏟아지는 그 밤,
이성의 본능 서리게 했었죠

질긴 갈대도 정조라면 정조요

먼저 간 당신 그리워하는
자유부인의 지조, 오늘따라 새삼
위대하게 느껴지네요

소포나루에서 웃던 당신
그리운 밤에

*소포 나루; 진도의 한 나루

기제사의 향과 초

중앙에 긴 줄을 내려
제 몸 불사르며 염원하는 촛불
간절한 눈물에는 절실함이 있다

엊그제 기일에 향을 피우며
촛불 밝힘에 대해
그 의미를 되새겨 본다

잔을 올릴 때
향에 잔을 세 번 돌리는 것은
천신, 지신, 조상에 예의요

촛불은 향, 등, 차, 꽃, 과일
그들 공양 중 하나로
망자의 길을 밝혀준다

예전에는 향나무를 깎아
향로에 세 번 향을 피웠지만
지금은 대로 된 향을 피운다

또한 향나무는 공기도 정화한다
이는 불교나 유교사상의
기제사의 기본적 예의이다

하얀 몸 불사르며 조상 숭배하는
촛불의 의미에는 자손의 소망과
공손한 마음이 담긴다

가을 사냥

살금살금 논둑길 걸어가면
포르르 잎 사이 숨어버린 너
그런다고 못 잡을 줄 알았겠지

재빠르게 눈동자 이리저리 굴리며
벼 이삭 살짝 건드리며
숨바꼭질 널 찾아냈었지

강아지풀 꼬챙이에 널 줄줄이 끼워
대단한 사냥이라도 한 듯
오빠이름 마구 불러댔었지

화덕불 지피면 그 위에 볶아서
고소한 그 맛 치킨 같은 간식이었지
어릴 땐 천진스러운 놀잇감이었지

지금 생각하면 안 먹어도 될 걸
메뚜기 잡아먹는 건 불쌍해서
못 할 것만 같아

들꽃

개천가를 지나니
송사리떼 달려나오고
들꽃 한들한들 반기고

사각사각 향수 밀려오듯
타향도 오래 사니 어릴 적 고향만 같네

웅덩이에 망태기 첨벙 던지고
질근질근 물풀 밟아대면
미꾸라지 나오네

수염 긴 새우는 폴짝폴짝
성질 급한 양반행세
품격 구겨지네

개간으로 그때 그 웅덩이
사라져 더는 볼 수 없는
개량 된 개천

그래도 들꽃들은 제철에 피어
어디서든 옛된 향수에 젖네

들풀에 맺 듯, 찬 서리
눈가에 촉촉하다

가장의 무게

무엇에 빗대리오
측정도 가늠도 할 수 없는 중압감으로
평생을 고단하게 사셨을 아버지
어느 날 티브이에 육십 넘은
주인공이 흘리는 눈물을 보며
억제할 수 없는 동음을 느꼈지요

대 물려 가난에 찌든 어린 시절
육십이 넘도록 남들 다 가는 여행 한 번
사치라며 못 가시던 가난했던 당신
이젠 아빠도 여유를 찾으시라며
난생처음 함께했던 캠핑에서 당신은
효녀 딸 덕에 효도 본다고하셨죠

그때 딸은 당신이 살아계셨기에
효도할 수 있어 행복했었는데
시집가 피땀으로 살림 일궜으되
기다려 주시지 않은 아버지
말만 들어도 눈물이 나는 건
그 생애 익히 아는 까닭이지요

문득 쇳덩이 같은 짐 안고서도
아들만 선호하시던 그 고집 떠오르네요
무명의 서예가로 사셨으니

여식이 늦게라도 같은 문예에
시인이 된 걸 아시고 가셨더라면
얼마나 흐뭇해하셨을까 싶네요

부디 홀가분하게 꽃길 걸으소서!
사랑합니다. 아버지!

삶이 시다

잠들면 죽어질까 두려운 밤
아침에 일어나는 건 생은 부활
걷고 말하고 들을 수 있는 건 행복
이보다 더 감사할 일 또 있을까

살갗에 스치는 선선한 바람
이 가을 느낌은 제각각 다를지라도
바람에 날려 이름 모를 곳에 닿는
풀씨같은 소중한 삶은 같으리오

외딴섬에 뿌리를 내린다면
그곳에 새로운 터가 생성되리니
물수제비뜨는 돌멩이 하나도
멋진 시제가 되리오

파도에 흔들리는 서정의 마음
제아니 접으려해도 시심 꿈틀거려
재간 쓰지 않고는 못 배기리오
시에 미친 시인이라면

행복한 글쟁이

선구자가 일구어내다만
지면의 뒷장에서 운 좋게
그들이 흘렸거나 놓쳐버린 잔재를
맑은 햇살에 씻긴 이슬 자국처럼
마지막 남긴 수정 같은 옥고를
찾아 배워 내것이게 한다면

내 비록 쌓아 온 발자취
아직은 연륜이 적어 보잘 것 없지만
오롯이 내 안의 얼지 않은 언어들로
그들 본받아 일상에 내 앞 가려 줄
겸손의 바람막이로 쓰리라

설령, 가난한 글쟁이일지라도
믹스커피 한 잔의 여유를 부리며
행복하다 하리다
나, 오늘도 시(詩)를 위해
잘 살았다 하리다

상사화 우체통

일 년 후라도 절절한 내 소망
전할 수만 있다면
번지 없는 하늘나라에도
배달이 가능할까?

붉게 꽃만 애잔하게 피어
간절하면 이루어진다는
그 만남 몇 억겁을 지나야
이룰 수 있을까?

영광 불갑사 상사화 밭
아리송한 우체통

고스톱

장모 돈 따먹으러 판 벌렸다
초보자 셋째가 쩔쩔매다가
싸놓은 똥, 첫째가 먹고
쌍피를 두곱으로 받아
쓰리고로 대박을 터트렸다

막내도 보고만 있을 소냐
흔들고 광박에 피박까지 씌우니
장모, 돈 다 빨렸다 싶었는데
봉사 문고리 잡는다고 이번엔
장모가 대박을 터트렸다

붉으락푸르락 열이 올은 얼굴들
그래도 환해 추석 달만 같아
방안 가득 두둥실 떠오른다
이때 호강에 겨워 초치는 장모
아이고오! 몸 쑤셔 죽겠네

테이블로 자리를 옮겨도 이제
허리도 쑤시고 무릎도 굳어오고
가시방석에 마른 막대기여서
고스톱에 돈 빨리는 거보다
몸 스톱 될까 더 무섭다

병상에서(6)

살얼음에 살을 에는 느낌
시리다 못해 얼어 터져
부서져 내리는
그런 통증이 왔다

차가운 공기가 시퍼런
칼날 되어 사정없이
진액을 갉아내 온 몸이
섬뜩한 난도질에 으스스
한기가 돋친다

살갗이 너무 시려
무조건 항복이다 싶어
다 내려놓고 싶을 그쯤
훅, 열기가 밀어닥쳐
단숨에 식은땀이 솟는다

아! 다시 저문 걸어 나갈까?
그리고 잠시 잠깐 정신을
내려 놓았는데
어제를 나와 맑게
오늘의 문이 열렸다

탐나는 독도

독도는 갖고 싶어 안달 낸다고
갖게 되는 귀중품이 아니다
동해 한가운데 떡 버티고 서서
푸른 파도 벗 삼아 사는
버젓한 섬이다

아무나 드나들어도 엄연히
주인 있는 대한민국의 영토다
두 개의 뾰쪽한 바위섬
천연자원이 산재한
보고(寶庫)다

앞으로 수억 년 후에도 독도는
동해를 사수하는 수문장이요
바람과 별과 새들의 보금자리요
꿈과 미래를 키워내는
정진(挺進)의 섬이다

물 위로 보이는 게
전부가 아닌 물 밑에 펼쳐진
광활한 자원의 해저는
우리가 다 알 수 없는
미래 간직한 보물 섬이다

엄마는 고슴도치

거울 앞, 입고 벗고
분비는 저들 모두 모델 감
설렘이 반이다

새로운 차림 예쁘다 하면
고개를 절레절레 흔드는 딸
매번 반복이다

딸은 뭘 입어도
예쁘게 보일 거라는 그녀의
편견이자 애정 때문

세련된 줄 알았는데
아뿔싸 그건 딸에 대한 콩깍지
고슴도치 모성이란다

노벨 문학상을 꿈꾸며

책장에 가지런한 저들 중
낯익은 이름 석자
영광스럽습니다
뭇사람의 가슴에
빛과 소금이 되리란 소망

언제고 저들의 날이 오면
살아 숨 쉬는 지침서가 되어
모두의 박수를 받으리오
그런 저들의 날엔 나도
미소 지으리다

문학을 빛내는 저들
세계에 우뚝 서는 그날까지

적시 안타

꽃 진 후에
그리워 말자

활짝 피웠을 때
그 속에서
한껏 취해 보자

꽃도 벌 나비
기다리는 중일지도

대추가 주렁주렁

그를 볼 수 있기까지는
아흔아홉 번 손이 가야
한다는 걸 실감하셨겠지요

장마 통에 우후죽순 잡초들
예초기 골백번 들이대도
감당이 안 돼 힘드셨겠지요

결실의 가을이 오기까지
뙤약볕에 흘린 땀방울
그도 임도 장하기만 하네요

각고의 수고 헛되지 않게
올해는 제상에도 올리시겠네요
뿌리 잇듯 결실 본 대추

뿌듯한 성취감에 박수를 보냅니다
수고 하셨어요. 선생님!

가을 엿보기

그대! 황혼이다
노란 물감 풀어놓은 듯
최후를 맞는 자연의 섭리다
계절의 조락이다

그대! 닮아간다
최후의 정취에 반해서
뉘엿한 빛깔에 채색되어
청초한 여인으로

갈색 가랑잎 사이 한 잎
붉은 단풍 닮은

7부

해설

시인 / 문학평론가 우병택교수

시의 초심에서 우러나는 진솔한 시어의 조합

우병택 시인(문학평론가)

　양춘자 시인의 제3 시집 『일상 너머로 보이는 무지개』에 상재된 123수는 전 6부로 구성되어 있다. 그중 제1 부에서 눈에 띄는 시가 1부 속제어로 쓰인 「시루섬의 기적」이다. 이 시집 전체를 관통하는 교훈적, 교시적 시적 기능이 눈에 띈다. 이로써 양춘자 시인이 오늘이 있기까지 어떻게 살아 왔는지를 알 수 있는 단초가 됐다. 제1부의 부제가 된 서사 시 「시루섬의 기적」에서 하나의 공동체가 통째로 사라지는 현상을 담담하게 그려냈다. 이렇게 끔찍한 사건을 겪고도 시적 화자는 긍정적인 사고를 넘어 교훈적인 자리에 머물게 된 걸 알 수 있다. 마치 '그렇게 사는 게 삶의 정석'인 양 표현되고 있기 때문이다. 언급된 시를 감상해 보자.

　　　한없이 퍼붓는 폭우/그 작은 빗물이 빗줄기가 되어 거대한 강이 되었다/수백 년을 나직이 섬 에워싸고 유유하던 강물/순식간에 섬 정수리까지 육박하는 성난 급물살로 돌변/발밑이 죽음의 문턱이다
　　　　　　{중략}
　　　순간 누구라고 할 것도 없이 어른들은 인간 사슬이 되어/어린 자식들과 아녀자들을 탱크 위로 올렸다/한 사람도 낙오되지 않도록 사투하는 동안/인간 사슬은 점점 더 늘어났다/그러기를 14시간 날이 새면서 사람들을 에워싸고 맴돌던/가축들의 서서히 멈추고 몸통이 물 위로 드러났다
　　　　　　{중략}
　　　그때 한 여인의 울음이 섬을 집어삼키던 홍수를 연

상케 한다/갓난아이가 비에 젖고 쓰러진 사람들에 의해 압사했다/하지만, 엄마 옥희 씨와 섬 주민들은 모두/아이의 명복을 빌며 오열하였다.
{중략}
아가의 꿈이 엄마 품을 떠나간 비운의 섬/아기 혼자 남아서 지키고 있는 섬/기적을 낳은 섬 시루섬

-「시루섬의 기적」 일부

  내가 보아온 서사시 중 가장 순수한, 그래서 비틀어짐이 없는 시를 감상한 기분이 든다. 생존한 섬 주민이 2백여 명이지만 잃은 한 아가의 무덤은 남아 시루섬을 지키고 있다. 그래서 시루섬의 온전한 역사가 완성된 것이다. 시인은 이렇게 말한다.

그 밤의 생존자는 198명이나 되었지만, 아가는 떠났다/또한 다른 경로로 목숨을 건진 사람은 겨우 3명뿐이었다/있을 수 없는 일이었다/그건 누구도 이해할 수 없는 기적이었다.//

  아가 1명이 희생된 게 '기적이었다'라고 담담하게 말한다. 독자는 흔적도 없이 사라진 시루섬을 기억하지 못한다. 그러나 아가의 무덤을 남긴 시루섬 생존 주민들의 마음속에는 영원히 남아있을 것이다.
  문학이란 아주 대단하다거나 커다란 賞을 수상해야 훌륭한 게 아니라 읽는 이에게 얼마만큼의 감동을 안기느냐가 그 기준이 되어야 한다. 양춘자 시인의 <시루섬의 기적>은 무엇보다도 감상하는 이에게 감동적이기에 충분하다. 그래서 박수를 보내고 싶은 것이다. '교조적이다 아니다'를 논할 필요

가 없기에 하는 말이다. 양춘자 시인의 시를 감상하며 필자가 잘 갖추고 있다고 자부해온 시 창작의 지식이 과연 무엇인가를 고민하는 계기가 되었음을 고백한다.

>억울할 땐 그냥 억울해하자/애써 아닌 척 참지 말고/생채기 없는 척도 하지 말자/내 마음 흘러가는 대로/억울함 받아들이자/그래야만 억울함을 털어내고/다시 시작할 수 있는/새로운 길이 열릴 것이다
>   -「솔직한 것도 지혜」 일부

이 시는 굳이 애를 써 감상할 필요도 없이 머리에 콕 와서 박힌다. 마을의 어르신께서 닦달할 만한 일로 무릎 꿇고 앉은 손자한테 타이르듯이 건넨 말씀으로 들린다. 그래서 누구나 고개 끄덕이며 빠져들 수밖에 없게 한다. 어쩌면 시 창작의 지식으로 잣대를 들이대는 그 자체가 무의미할 뿐이다. 사회생활 제대로 하려면, 마음에 생채기가 날 만큼 억울한데도 이런저런 사정으로 아무렇지도 않은 척하는 때가 얼마나 많은가? 다 털어내고 다시 시작하려면 시원하게 해결하고 다음을 시작해야 한다는 것이다. 그래서 시 제목이 「솔직한 것도 지혜」라고 하지 않았을까?

>참다 참다 고민 끝에/할머니가 병원에 갔다//할머니 어디가 아프세요?/어쩔까 이 보여줄 수 없는 데가 아픈디/아니 어디가 아프신데 보여줄 수가 없어요?/보여줄 수 없어라우/그러면 그냥 가세요/그래도 아픈디/그러면 봐야 병을 아니까 말씀해 보세요/거시기 똥구멍하고 거시기에/오돌오돌 뭐가 나서 어메 아퍼 죽겼어라우/하도 보잣싸서 부끄럼을

무릅쓰고 보였는디/오메 거기를 현미경으로 봐부요/ 눈 딱 감고 있었어라우 그랬더니/피곤해서 그런다 함시렁/연고 하나 사서 바르라 안 하요/그것이 뭔 병인지도 모르고/약국에 물어 본께 음부포진이라 하요//

- 「워메~ 살 것 같당께」 전문

일상생활 속에서 꽃피운 해학, 돋보이는 풍자

양춘자 시인의 시 중에 이런 시가 좋다. 시인 자신이 굳이 풍자시를, 혹은 해학적인 시를 써서 자신의 글재주를 자랑하고자 한 것이 아니란 게 이 시에서 잘 드러나 있으니 하는 말이다. 그것은 그저 일상의 언어로 이렇게 뿜어 나오는 대로 표현했을 뿐이라는 생각에서다. 다음은 이 시의 압권이랄 수 있는 구절이다.

시상에 원장님이 거시기는 봤지만/나서붕께 이렇게 좋소/거시기 아프면 끙끙 참지 말고/병원들 가서 척 보이시시오//

배꼽이 빠질 지경이지만 표현해내고 싶은 뜻은 이쯤이면 완료된 거나 마찬가지다. 제2부에 상재된 「제줏간, 맛집에서 본 거시기」에서도 같은 느낌으로 능글맞은 시가 있다. 양춘자 시인의 시집을 감상하시는 분들께서는 故 오탁번 시인의 '暴雪'이랑 사촌 간쯤 되는 걸쭉한 시 한 수 감상할 기회가 왔으니 감상 한번 잘하시길 권한다.

식당에는 「마장 주점」이란 시 속의/거시기들이 줄지어 걸려있었다/고기 굽는 불판 위 연통을 보며/취중에 말 거시기 같다며/흥 탓에 더 흥겨웠을 시인의 농/거시기하지 않게 떠오른다/나는 그 흥 떠올리며/식탁마다 연기를 빨아내느라 걸린/구릿빛 대롱들을 찬찬히 눈으로 만져본다//참 쓸모 있는 거시기구나/그 시인의 말처럼 거시기 덕분에/홀도 깨끗하고 고기도/노릇노릇 잘 구어졌다//말 거시기 아래서 나도 고기를/잘근잘근 맛있게 먹는다//

- 「제줏간, 맛집에서 본 거시기」 전문

배꼽이 빠질 농익은 여인네들의 이야기 속에 이런 담소가 은근히 담겨야 읽는 맛이 남달리 나는 게 아닐지.

장모 돈 따먹으러 판 벌였다/초보자 셋째가 쩔쩔매다가/싸놓은 똥, /첫째가 먹고/쌍피를 두 곱으로 받아/쓰리고로 대박을 터트렸다// 막내도 보고만 있을 소냐/흔들고 광박에 피박까지 씌우니/장모, 돈 다 빨렸다 싶었는데/봉사 문고리 잡는다고 이번엔/장모가 대박을 터트렸다//붉으락푸르락 열이 올은 얼굴들/그래도 환해 추석 달만 같아/방안 가득 두둥실 떠오른다/이때 호강에 겨워 초치는 장모/ 아이고오! 몸 쑤셔 죽겠네//테이블로 자리를 옮겨도 이제/허리도 쑤시고 무릎도 굳어오고/가시방석에 마른 막대기여서/고스톱에 돈 빨리는 거보다/몸 스톱 될까 더 무섭다//

- 「고스톱」 전문

위의 두 수와는 또 다다르게 감상하는 맛을 더하는 시다. 제6부에 상재된 <고스톱>을 읽다가 보면 그저 일상의 언어로 이렇게 뿜어 나오는 재미를 넘어 삶의 황혼에 흔히 보는 숙연함이 있어 가슴이 찡해진다. 왁자지껄하던 가족 속에서 '아이고오! 몸 쑤셔 죽것네' 이후에 이어지는 '몸 스톱 될까 더 무섭다'란 시구절 속에 황혼에 이른 감상자라면 동병상련(同病相憐)의 심정일 터다. 시인이 감상하는 이를 웃기고 울리며 그들이 하고 싶은 말을 자유자재로 대신 해주니 속이 시원할 것이 분명하다.

필자는 **시란 이미지(심상)를 형상화하는 과정이 필수적으로 다음과 같은 작업이 수반되어야 한다. 라는 것을 평소에 강조한다.**
주관적인 정서나 관념을 언어를 통해 구체적인 형상(形象)으로 표현하는 것을 뜻한다. 시에서 형상화의 과정은 필수이며, 그 결과는 주로 이미지(= 심상 心象)로 나타난다. 형상(形象)이란 (색, 소리, 맛, 냄새, 촉감 등과 같은) 감각으로 인식할 수 있는 대상을 말한다. 이런 시각으로 제3부 「행복을 읽다」에 상재된 시 「언니」를 감상해 보자.

내 언 손 녹여주느라/봄 햇살 붙잡다가 지고만/목련이셨지요.//손등 씻기려고 물에/일렁거리던 해맑은 물그림자/수선화이셨지요//애처로운 나를 감싸주던/우아하고 부드러운/모란이셨지요 //그 고결한 모습은/언제나 숭고한 요조숙녀/백합이셨지

요//그 모습 아직도/내 마음속에/그리움으로 남아
있어요//언니가 그리운 날에//

-「언니」 전문

제목 '언니'가 1연에서 '목련'으로, 2연에서는 '해맑은 수선
화'로, 3연에서 '모란'으로, 4연에서 ' 백합'으로 형상화 되
어 있음을 알 수 있다. 이 시에서 시인은 시 창작의 기본을
잘 지키고 있어서 진지하게 시 한 수 감상하기에 좋다. 더하
여 '목련'에서는 언 손 녹여 주는 언니, 수선화에서는 손 씻
겨 주는 언니, 모란은 애처러운 나를 감싸 주는 언니, 백합
은 요조숙녀의 모습이 시적자아의 마음속에 있어서 언니
가 더욱 그리운 것이다. 이렇게 짧은 시 속에 함의 된 것이
얼마나 큰 지를 감상자가 느낄 수 있다면 성공한 시라고 말
할 수 있겠다.

**다음은 시인 자신의 분신인 시에 대한 사랑이 진지
하게 담겨 있기에 소개하려 한다.**

큰 산이 가로막고/긴 강이 가르며 흘러도/내 안에
이미/들어와 있는 그대//하루에도 열두 번씩/또 갑
절로 열두 번씩/항상 처음처럼 상큼한 모습으로/가
슴 조여드는 그리운 그대//무한한 상상의 나래로/
매화로 피고 독수리로 비상하듯/언제나 생기와 겸
손으로/눈물겹게 살가운 정이신 그대//이제는 정
작 자아를 찾아서/오래오래 곁에 두고 싶은/단아
한 내 한 편의/시이신 그대여//

– 「시(詩) 그대」 전문

  시인은 시적자아를 앞세워 자신이 추구하는 바를 詩句마다 절절하게 담아냈다. 제3부에 상재된 「시(詩) 그대」는 제5부에 실린 다음 시, 「시인이여!」와 함께 시와 더불어 시 쓰기에 열심인 많은 시인의 마음이 잘 표현되어 있어서 공감하는 바가 크고도 깊다.

> 희망의 아침 바다 노를 젓듯/석양의 만선을 위해 그물 깁듯/시인은 오색찬란한 시어(詩語)로/한 코 한 코 쉬지 않고/시(詩)를 깁지요// 자아 성찰과 고뇌의 치유/삶의 보람과 인류의 화평을 위해서/티 없는 창공과 숨어 우는/바람 소리까지도//누구라도 마중하도록/ 사랑스러운 마음으로 진실하게/자연에서 시어를/찾아내어/화평의 그물을 깁지요//

– 「시인이여!」 전문

  같은 시에 대한 사랑을 표현해내고 있지만 두 편의 시에는 다소 다름이 있다. 시를 쓰는 많은 시인의 마음이 이와 같지 않을까 하는 생각에 미치면 필자 자신을 되돌아보게 된다. 梁 시인이 시 한 수를 짓기까지 각고의 노력과 성실함이 배어있는 「시(詩) 그대」와 자신이 쓴 시이지만 '자아 성찰과 고뇌의 치유' '인류 화평'을 내세워 자신의 시 한 수가 원대한 꿈을 내포하고 있음에 스스로 자부심을 느끼고 있음을 알 수 있다.

  다음은 시를 감상하며 평론을 주업으로 살아온 필자로서 다시 한 번 재고해야 할 필요성을 느끼게 한다. 특히 시인들의 합평 자리에서 흔히 보는 상대의 시에 대한 인식 차이로 낯붉히는 일이 종종 벌어지곤 한다. 그때 당혹해하는 당사자의 마음이 이렇지 않을까 저어된다. 스스로 자신의 시에 대해 자학적이기까지 하다가 또 그 열정에 끌려서 글쟁이로 돌아온 적이 얼마나 많았을까? 그런데 그렇게 당하면서 일어설 때 비로소 글다운 글이 탄생하는 것이니 용기 잃지 마시라.

이것이 쥐꼬리요? 문장이요?/꼬락서니 하고는//아이고, 쥐구멍이 어딘 겨/꼰대 꾸지람에 대게 거시기 혀뿌네/'두 번 다시 글을 쓰면 내가 개다 개'/긍게 욱, 받치데/근다고 이 속 누가 알 겨/밴댕이 소갈딱지만 같아서는/오뉴월 쉰 죽 끓듯 부글부글 거시기 했뿐 걸/근데, 그 속 지랄이 얼매나 됐다고/금세 또 글 지랄이랑가/지키지도 못할 거라면 그냥 개로 살아/화딱지는 글로 거시기해야 거시기 해뿌는 겨/ 개가 되든 소가 되든 막 해불면 되야/작심삼일이란 말도 있잖여/쥐약은 나눠 불고 맴이나 챙겨 묵세/모로 가든 도로 가든 서울만 가믄 되지/말은 제주도로 보내고/사람은 서울로 보내라 안 했남/그것이 정석이라믄 꼭 이루어 보드라고/그라믄 글쟁이 된 보람도 있을 겨/ 그라믕 글 갤쳐 준 이도/보람되지 싶당께//누군 뉴스에 빵빵 터지는데/작심삼일 꼬라지 하고는//

- 「꼬일 때」 전문 2

도마 위 생선이다/회가 될지 찌개가 될지/칼자루에 달려 있다// 과녁을 향한 화살이다/관중일지 불발일지/화살만이 안다// 그렇다고 다 답은 아니

다/사람이 하는 거니까//

- 「논평이란」 전문

평론도 '사람이 하는 일이라' 평론가가 하는 시평이 모두 정답일지 아닐지는 평론가의 몫이 아니라 결국 감상자의 몫이니 말이다. 사실 '감상'이란 '鑑賞, 感想, 感傷'의 의미를 제대로 알고 있는 이도 그리 많지 않다. 주로 시 한 수 鑑賞한다'라는 의미를 '感想'으로 잘못 인식하고 있는 이가 많음에서도 시 「논평이란」이 시사하는 바가 크다고 할 수 있겠다.

다음에 소개할 시 「눈이 부시게」는 '여자의 일생'이란 트로트 가사를 읽는 듯해서 굳이 전문을 싣는다. 물론 다 읽고 나면 제목처럼 '혹여, 호피 무늬처럼 눈이 부시게'로 끝맺음이 있어 졸였던 가슴을 쓸어내린다. 첫 연 서두에 '인생 황혼기에 원숙미를 갖췄다면/감지덕지요 더는 바랄 게 없다'라고 했음에 몇 번을 감상하며 梁 시인의 일생이 엿보여서 두고두고 애송해 볼 요량이다.

인생 황혼기에 원숙미를 갖췄다면/감지덕지요 더는 바랄 게 없다// 수줍고 곱던 여린 처자가/며느리가 되어 다소곳하니/말대꾸도 못하고/속속들이 속병이 한이 되었다가/집안의 최고 어른인 팔순이 훨씬 넘어/제대로 호령 한 번 못해보고/한순간에 이빨 빠진 호랑이 뒷방노인 신세라/유격대장 아줌마도 때가 지나고/그나마 연륜 덕에 입심만 되살아 나/숙성된 희로애락 전화 속 수다가/초가을 낙엽 뒹구는 바람 소리만 같다//이 또한, 수다 떠는 친구가 있어/치매치료제로 다행이었다/조상 세대 뉜들 안 그러랴/여자는 뒤웅박 팔자이려니/몇억 자를 집필로 쓰고도 남을 시집살이/사노라니 실타래 풀듯 말로 글로/풀어내니 소화제가 따로 없다/그래도 여자는 죽는 날까지/생이 문드러져도 조신해야 하며/어미의 본분으로 꽃다운 씨방답게/후손에게는 인품 있는 한 인간으로서 어미의 소임을 다 해야 하지 않겠는가//혹여, 호피 무늬처럼 눈이 부시게//

-「눈이 부시게」 전문

　이 시 한 수를 모두 감상하고 나면 '치료제','소화제'가 기억에 오래 남는다. 바로 시적화자를 내세워서 시인 자신의 사고가 무한 긍정적이라고 강조하는 듯하다. 슬며시 웃음이 나온다. 하여 '용감무쌍한 시인'이라고 칭하고 싶은 마음이다.
　스토리가 있는 두 시는 읽을수록 시인의 삶의 무게를 함께 짊어질 수 있어서 감상하는 의미가 크다. 더불어 긴 여정을 여과 없이 풀어놓은 시인의 삶을 돌아볼 수 있기도 하니 一石二鳥가 아니겠는가.

　이어서 숙연한 마음으로 감상해 볼 만한 「어머니의 애콩」은 먼저 '애콩'부터 알아보고 감상을 시작할 필요가 있다. 필자는 유년에 어르신들이 땅콩을 '낙화생'혹은 '애콩'으로 부르는 걸 듣고 자랐다. 그런데 사전에 실린 '애콩'은 완두콩의 방언으로 올라와 있다.

　　애콩 쪄먹게 영글 때가 되면/당신 더욱 그립습니

다// 아버님 첫 기일에/서울 사는 딸들이 온다고/커다란 비닐봉지에 손수 농사지은 것 중/씨알 좋은 것들만 골라 담았다가/뜻밖의 밤비에 흥건히 젖어 그 풋것들/깍지가 터져 욕봤었다지요//마당 한가운데 흩뿌려놓고/ 딸내미와 손녀딸 먹이려/다시 말려 성한 것만 골라 담느라/온종일 땡볕에서 타셨을 텐데/하늘의 무심한 처세에/당신 얼마나 속상하셨을까요//매년 그것이 영글어올 때면/당신의 애틋함에 마음이 저미네요/그런 큰 언덕이신 당신 무너지니/당신이 손수 지은 애콩 먹을 길 없어/포근한 당신 한없이 그립습니다/어머님!//

-「어머니의 애콩」 전문

농사지으시는 부모의 마음이 어디 '애콩' 뿐이었을까. 주식(主食)은 그렇다손 치더라도 자잘한 먹거리가 자식 입에 들어간다고 생각하면 한 번이라도 더 손이 가는 걸 어찌할까. 그런 엄니의 마음이 곳곳에 스며 있어서 감상하는 내내 마음이 따스했다. 그러셨던 엄니는 이제 손닿지 않는 곳에 계시니, '그립습니다. 어머니!'라고 외쳐본들 '옹냐, 내 새끼'란 대답이 있겠는가. 여느 思母曲에 비겨도 손색이 없다.

철썩 믿었기에 복된 것이다//중년에 생고를 겪을 때/지나가던 시주승이 무심코 던진 한마디/"부인은 말년 복을 지녔습니다."/ 덕분에 작은 복에도 철석같이/그 말 되새긴다//남들에게는 왕비로 보였을망정/빛 좋은 개살구였던 생/늘 살얼음판만 같아 불안한데/스님의 그 한마디 철석같이 믿었기에/말처럼 말년에 복된가 보다//갓 지은 시로 감

성에 젖어/잠시 마음의 여유로움을 갖는다/그러면
걱정 따위 노을 지는 서산에/구름 걷히듯 사라져 생이/넉넉해
진다//

　　　　　-「운수 대통」전문 5

　어차피 한 세상에 태어난 것이다. 긍정적인 사고로 삶의 종착역이 보이는 곳까지 무사히 왔구나. 그래 福은 넘치는 福이로구나. 이래서 梁 시인의 시에 어렵잖게 보이는 삶의 철학이 함유된 것이 결코 개똥철학이 아니로구나. 이 시에서 마지막 구절 '원망은 아픔만 초래하는 것/긍정적으로 생각하다 보면/내 몫에 불만도 사라지는 법/그것이 행복의 지름길이지//'을 곰씹어 본다.

사랑에 배신 겪은 이는 알지/천형 같은 가슴앓이 그게 사랑이지/ 하늘이 무너지고 땅이 꺼져내려/내 설 곳 없어 텅 빈 맘/바람에 흔들리는 갈대만 같아도/내 생은 내 몫 누굴 원망하겠는가/순리를 찾아 순응하다 보면/저절로 답이 나오게 되지/그렇게 살아도 팔자는 못 벗어나는 것/원망은 아픔만 초래하는 것/긍정적으로 생각하다 보면/내 몫에 불만도 사라지는 법/그것이 행복의 지름길이지//

　　　　-「팔자에 순응하면 복이지」전문

여기까지 감상하는 동안 감상하는 맛을 주어진 지면이 있으니 제대로 다 전하지 못한 것이 많아서 아쉽다. 함께 감상하신 분들께 고마움을 전한다. 차제에 필자도 시를 씀에 좀 더 솔직하게, 더 용감하게 임할 것을 다짐한다.

양춘자 시인의 제 3집 『**일상 너머로 보이는 무지개**』이 감상하시는 모든 분께 福이 저절로 굴러들어올 수 있는 계기가 되었으면 하는 바람이다.

제 3집 출간을 진심으로 축하드린다.

양춘자 제3시집

일상 너머로 보이는 무지개

초판인쇄 2024년 11월 22일
초판발행 2024년 11월 25일

지은이 : 양춘자
발행인 : 김유권
펴낸곳 : 도서출판 오늘

주　　소 : 서울특별시 구로구 구로동 609-24
전　　화 : 010-3254-2129
등　　록 : 25100-2011-00061
저자메일 : ycj0810@naver.com

ISBN 979-11-90384-28-5(03810)

14,000원